革命:
从南昌武装前行

黄道炫 著

REVOLUTION: FROM THE NANCHANG UPRISING

刘伯承　　　　　　　　　　叶挺

周恩来　　　　　　　贺龙　　　　　　　朱德

让历史记住他们

80年前的今天，这批共产党人、热血青年，颈系红领带、臂扎白毛巾，提枪登上南昌城头，迎着黎明的曙光，打响了武装夺取政权的第一枪。当年的25000多起义军将士，留下姓名者不足1000人，许多人成了无名英烈，与共和国奠基石长存天地间。

（排名以姓氏笔画为序）

方维夏 (1879—1935)
王尔琢 (1897—1928) 
王勇 (1910—1933) 

毛泽覃 (1905—1935)
孔原 (1906—1991) 
叶挺 (1896—1946) 
卢冬生 (1908—1945) 
朱德 (1886—1976) 
朱云卿 (1903—1931) 

朱蕴山 (1887—1981)
朱克靖 (1895—1947) 
刘伯承 (1892—1986) 
刘畴西 (1897—1935) 
孙一中 (1900—1932) 
阳翰笙 (1902—1993) 

何世昌 (1905—1930)
李国珍 (—1932) 
李奇中 (1901—1989) 
李立三 (1899—1967) 
李一氓 (1903—1990) 
李井泉 (1908—1989) 

李何林 (1904—1988)
李鸣珂 (1899—1930) 
李硕勋 (1903—1931) 
江泽镕 (1894—1959)
宋日昌 (1906—1996) 
宋裕和 (1902—1970)

吴玉章 (1878–1966)	 吴溉之 (1898–1968)	 张树才 (1914–1969)	 张国焘 (1897–1979)	 张国基 (1894–1992)	 张曙时 (1884–1971)
 陈恭 (1905–1928)	 陈赓 (1903–1961)	 陈毅 (1901–1972)	 陈文贵 (1902–1974)	 陈公培 (1901–1968)	 陈勉哉 (1909–1999)
 陈荫林 (1898–1927)	 周恩来 (1898–1976)	 周子昆 (1901–1941)	 周其鉴 (1893–1928)	 周逸群 (1896–1931)	 周士第 (1900–1979)
 周建屏 (1892–1938)	 林伯渠 (1886–1960)	 范荩 (1899–1938)	 范长江 (1909–1970)	 欧阳洛 (1900–1930)	 罗石冰 (1896–1931)
 罗渔 (1902–1988)	 柳直荀 (1898–1932)	 贺龙 (1896–1969)	 贺昌 (1906–1935)	 贺锦斋 (1901–1928)	 恽代英 (1895–1931)

姜济寰	 胡毓秀	 侯镜如	 赵尔陆	 聂荣臻	 涂国林
(1879—1935)	(1906—1983)	(1902—1994)	(1905—1967)	(1899—1992)	(1909—1998)

 郭亮	 郭沫若	 秦光远	 袁也烈	 聂鹤亭	 唐天际
(1901—1928)	(1892—1978)	(1892—1940)	(1899—1976)	(1905—1971)	(1904—1989)

 袁仲贤	 袁国平	夏曦	 徐以新	徐光兆	 徐特立
(1904—1957)	(1905—1941)	(1901—1936)	(1911—1994)	(1903—2003)	(1877—1968)

 徐成章	 柴水香	陶铸	 章伯钧	黄道	黄霖
(1892—1928)	(—1930)	(1908—1969)	(1896—1969)	(1900—1939)	(1904—1985)

 黄序周	 黄日葵	萧克	 萧炳章	 梅龚彬	粟裕
(1904—1984)	(1899—1930)	(1908—)	(1880—1946)	(1900—1931)	(1907—1984)

董朗 (1896–1932)	彭湃 (1896–1929)	彭文 (1905–1994)	彭干臣 (1899–1935)	彭泽民 (1877–1956)	彭明治 (1905–1993)
傅杰 (1900–1939)	舒国藩 (1907–2003)	覃甦生 (1906–1932)	曾文辉 (1886–1935)	曾山 (1906–1972)	游步仁 (–1927)
温雪堂 (1898–1929)	靖任秋 (1905–1996)	雷经天 (1903–1959)	鄢日新 (1893–1931)	裘古怀 (1905–1930)	谭天度 (1893–1999)
谭平山 (1901–1956)	谭裘 (1902–1929)	谭乐华 (1907–1994)	廖运泽 (1902–1987)	廖运周 (1903–1996)	廖乾吾 (1886–1930)
蔡协民 (1901–1934)	蔡中熙 (1906–1932)	蔡廷锴 (1892–1968)	颜昌颐 (1898–1929)	魏文伯 (1905–1987)	穆景周 (1891–1945)

REVOLUTION: FROM THE NANCHANG UPRISING

目 录
CONTENTS

历史的出口

01 国共分野 / 001

02 歧路徘徊 / 019

03 走向新生 / 043

04 南昌暴动 / 069

05 南下征途 / 089

06 转进闽粤 / 115

07 挺起的脊梁 / 133

08 尾声：风展红旗如画 / 146

历史的出口

1927年8月，当中国共产党领导打响南昌起义的枪声时，离建党仅仅只有六年零几天。六岁，如果是一个孩子，此时他刚刚背上书包，步入学校，享受着学校和家庭的双重呵护。而中国共产党人，却要承受战友的背离，直面惨淡的世界，在骤然而至的急风暴雨中，继续独力擎起革命的旗帜。

惊诧于同一战壕射过来的枪林弹雨，刚刚学会生存的中国共产党转瞬就要面对死亡，在沉默中毁灭或者绝望中爆发，中国共产党人别无选择。

1927年6月26日，中国共产党领导人陈独秀在中央政治局会议上谈到：

我们面前有两条路：右的道路与左的道路。右的道路意味着放弃一切，左的道路意味着采取激进行动。在这两条道路上等待我们的都是灭亡。

---

① 《希塔罗夫关于中共中央政治局与共产国际执行委员会代表联席会议的报告》，《联共（布）、共产国际与中国国民革命运动（1926—1927）》下，北京图书馆出版社1998年版，第357页。

此外还有一条中间道路，即继续目前的局面，这也是不可能的。

怎么办？也许应该寻找第四条道路？①

说完这句话后几天，陈独秀就完全淡出中国共产党的最高领导层，或许从这几句话中，我们已可以窥到其中的端倪。此时的中国共产党最需要的是行动，而不是理论。陈独秀毕竟是个书生，书生自有书生的道理，书生的道理或许更具恒久的价值，但高远的理想却不一定能容于当时的环境。

第四条道路，理论上当然不能否认，时代变迁之后，人们也许还会更加青睐。

但当时的现实是，面对血腥的压力，其实只有放弃和流血两条路。放弃和流血可能都会走向死亡，而后者却隐藏着死中求生的希望。

南昌的枪声坐实了中国共产党人的选择。他们没有沉默、没有退避、没有投降，他们坚信他们代表着正义和真理，代表着中国的未来和方向，他们要用武器捍卫自己的生存、荣誉和理想。

当他们奋起一搏的时候，前路茫茫，国共两党内战的烽火更使中国社会同样陷进看不到前进方向的迷茫之中。后来发生的许许多多，无论是悲剧或者喜剧，在这一刻，似乎都已被注定。

作为后人，我们当然更愿意看到前人演出的是喜剧，但当年的中国更多给我们展示的还是悲剧。

历史无法选择。

我们不能越俎代庖，为前人设定道路；当年的社会也没有提供更多可以选择的出口。

悲喜、成败、进退、兴衰，都不是历史运动任何一方可以自主决定的。历史教科书展现给我们的，总是那些挥斥方遒看得见的巨擘，而在这后面，其实还有着更多的支配着历史运动的看不见的手。

中国一句老话一言以蔽之：英雄造时势，时势造英雄。

所以，历史如果可以重来，或许，我们仍然不得不面对四一二、七一五，仍然要听到南昌城头响起的隆隆枪炮声，仍然要看到周恩来、蒋介石、毛泽东、朱德这些熟悉的身影从历史的深处向我们走来、走近又走去……

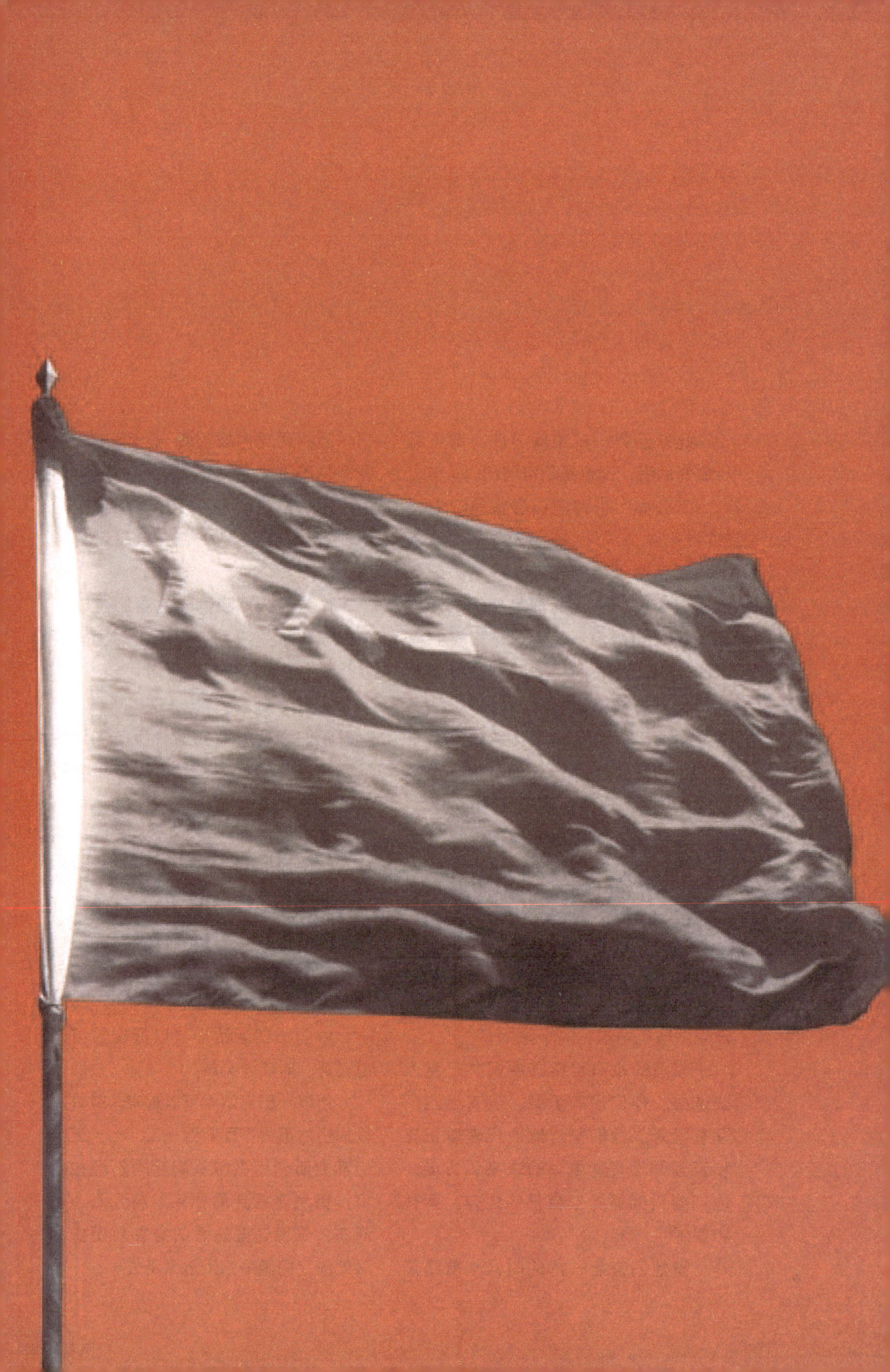

01 国共分野

　　1933年6月，江西瑞金，时任中共中央革命军事委员会代主席的项英签署命令，提出："1927年8月1日发生了无产阶级政党——共产党领导的南昌暴动，这一暴动是反帝的土地革命的开始，是英勇的工农红军的来源……为纪念南昌暴动的胜利与红军的成立，特决定自1933年起每年8月1日为中国工农红军成立纪念日。"随后，中华苏维埃共和国临时中央政府决议批准中央革命军事委员会的建议，规定每年"八一"为中国工农红军纪念日。[①]

　　1949年6月15日，北京，中国人民革命军事委员会发布命令，规定以"八一"两字作为中国人民解放军军旗和军徽的主要标志。中华人民共和国成立后，将此纪念日改称为中国人民解放军建军节。

　　从此，南昌、八一起义、中国人民解放军三个名词紧紧联结在了一起。

　　历史里面有许多机缘巧合，作为中共军队的诞生地，南昌在中共打响武装革命第一枪的半年多前，却是蒋介石与武汉国民政府周旋的基地。

　　中共和他们最强劲的对手，同一年内在这里作出了他们最关键的抉择。

　　有人说，对手的分量，往往映射着自己的格局。因此，在聚焦于南昌起义前，我们不妨先看看进出于南昌的蒋介石。

　　1926年9月17日，在北伐军围攻武昌的隆隆炮火声中，北伐军总司令蒋介石离开武昌前往江西。一个多月后的11月9日，蒋介石进入南昌。

　　从离开武昌到进入南昌，蒋介石通向胜利的道路走得并不轻松。

　　北伐有三大敌人：吴佩孚、孙传芳、张作霖。张作霖远在华北、东北，初期，北伐军尚鞭长莫及，此时主要面对的是吴、孙两人。蒋介石在江西面对的孙传芳部，虽然不如两湖的吴佩孚那样威震四方，但吴佩孚在第二次直奉战争遭到惨败，已经元气大伤，南口一役，和

中国人民解放军军徽　　中国人民解放军军旗

[①]《红色中华》第93期，1933年7月11日。

1949年6月15日，中央军委"以'八一'为标志的军旗、军徽的命令"。

1933年，中华苏维埃政府在瑞金沙洲坝作出决议，8月1日为中国工农红军成立纪念日

冯玉祥鏖战竟月，损失也相当巨大，所以当国民革命军发起北伐时，吴已颇有强弩之末之叹。相比之下，孙传芳经营江南有年，长期未遇巨战，实力其实要盖过名气比他大的吴佩孚。这一点，共产国际驻上海远东局书记拉菲斯看得很清楚，在给共产国际领导人的信中透露："孙传芳的力量本身是比较坚固的，而他的社会基础也比吴佩孚更牢固。因此，孙传芳会比吴佩孚进行更顽强的抵抗。"②

作为一名军人，蒋介石对这种实力的差异当然有充分的敏感，早在1926年初，北伐进行尚在未定之天时，他就已有先攻吴佩孚，中立孙传芳，待两湖底定后，再转攻孙传芳的腹案，可见孙传芳在他心目中，实为劲敌。但此时，他却仍以北伐军总司令之尊，选择江西一路亲自坐镇，之所以如此，当然不是蒋有意要勇挑重担，其间的盘算和苦衷，只有他自己心里清楚。

从1924年主持黄埔军校实现练兵夙愿后，蒋介石可谓一路顺遂，两次东征，在实战中造就了一支直接渊源于他的新式部队，也奠定了他在广东国民政府中的地位。"三二〇"事件后，汪精卫出走，他在国民政府中的强人统治更是呼之欲出。1926年7月9日，广州东校场，当蒋介石从国民党元老吴稚晖手中接过北伐大旗，纵马检阅三军将士时，踌躇满志，意气风发，留下了一生中最英武的身影。

不过，北伐虽然出师告捷，国民革命军所向披靡，蒋介石的北伐之路却不如他希望的那样顺利。战争对普通百姓是残酷的，而对另外一些人来说，却是通向更广阔的权力之路的良机。当蒋介石在广东坚持要进行北伐时，在他心中激荡的不会没有君临天下的欲念。然而，战争一旦打响，实力立即决定一切，此时，雄心勃勃的蒋介石就不得不面对一个事实：参加北伐的八个军中，他亲手调教的只有一个第一军，北伐军总司令的荣衔并不足以使其他人真正俯首称臣。

② 《拉菲斯给皮亚特尼茨基的信》，《联共（布）、共产国际与中国国民革命运动（1926—1927）》（上），第574页。

南昌市民欢迎蒋介石和北伐军

蒋介石在南昌司令部留影

直系军阀孙传芳

欲与蒋介石争高低的军阀唐生智

直系军阀吴佩孚（前右）、奉系军阀张作霖（前左）在北京会面

第八军军长唐生智，就是蒋不敢小看的人物。

当蒋介石的祖父还在溪口镇上开一家盐铺贩盐时，唐生智的祖父已投入曾国藩的湘军，并以战功官至广西提督，得皇上恩赏黄马褂。显赫的门第却没有阻挡住青年唐生智倾向革命，在武昌第三陆军中学就读时，他加入同盟会。辛亥革命前夕，入保定陆军军官学校。武昌起义爆发后，唐生智曾与几个同学相邀，赴沪参加革命。因囊中羞涩，找到保定的湖广会馆要钱，会馆不给，生性豪情任侠的唐生智一时性起，捋袖就要饱以老拳，吓得会馆中人只得掏钱消灾。没有真正赶上革命运动的唐生智，却在保定湖广会馆先过了一把瘾。

保定陆军军官学校毕业后，唐回到湖南，逐渐在湘军中崛起，掌握湘军第四师于湘南一带。此时，正是广东革命政府与北洋政府南北对峙时期，湖南作为双方的缓冲地带，地位十分重要。唐生智驻地湘南，更是双方必争之地。在南北之间，唐生智归属效忠北方的赵恒惕，但又不甘久居人下，与广东方面保持接触，隐然有挟广东与赵恒惕分庭抗礼之势。1926年春，唐赵终于摊牌，战争一起，唐部迅速从衡阳向长沙逼近，赵恒惕仓皇逃离。唐生智占领长沙不久，正式宣布站到广东国民政府一边。吴佩孚随之策动赵恒惕旧部叶开鑫攻唐，广东国民政府也迅即派第四军第十师、第十二师和叶挺独立团入湘增援。某种程度上说，北伐的大幕就是围绕着唐生智慢慢拉开的。

面对这样强有力的竞争对手，蒋介石的总司令做来实在有力不从心之感。北伐军刚刚出师，他就抱怨："各方情形复杂，应付为难，军队旧习未改，派别纷多，鲜有团结精神。"③ 确实，在革命阵营内，他的政治资历不足，汪精卫、胡汉民的相继离去，虽然促成了他的独大局面，却也使国民政府内失去了拥有广泛声望的领导人，一旦遇到挑战，无人可为之背书或调停其间。对于唐生智、李宗仁等军事领袖而言，蒋介石掌控的其实也就是和他们一样的一个军实力，王侯将相，宁有种乎。

唐生智等的心思，蒋介石当然明白，在北伐军奋力北进，底定两湖已成定局时，蒋介石亟思在江西为自己打开一条出路。而且，北伐军由广东一路打到湖北后，江西已成北伐军的软肋，战略上也有必下之要求。取下江西，顺长江以底定东南，也是蒋北伐的腹案。其实，当蒋将北伐军福建一路统帅权交给亲信何应钦时，未尝没有要两军在东南会师的规划。蒋介石选择江西作为其领兵出征的方向，要害就在于此。

江西之役首先在赣南发动。北伐军谭延闿的第二军和程潜的第六军，因为都起家于湖南，与唐生智曾多次交手，为照顾唐的利益和感受，均取道江西北上。9月初，该部发动后，迅速控制江西南部。随后，朱培德的第三军也在赣西发动。9月中旬，蒋介石率总司令行营亲赴江西前线指挥作战。战局迅速发展，19日，北伐军已一度攻进南昌，但在孙传芳军全力反扑下，被迫退出。

---

③ 毛思诚：《民国十五年以前之蒋介石先生》第16册，1936年印行，第68—69页。

南昌险些易手，孙传芳不敢掉以轻心，亲赴九江设立司令部就近督战，两军司令在江西战场聚首。10月上旬，北伐军第二次围攻南昌，蒋介石亲临城下督战。由于敌军依托南浔路拒城固守，北伐军久攻不克。12日夜，守军由城内掘地道发动偷袭，北伐军连日强攻，人疲马乏，一败涂地，蒋介石本人险被包围，逃脱后心仍惴惴，在日记中叹息：失败予人心理打击，如此之巨。

两次攻打南昌失败后，蒋介石改变急于求成心理，重新制订作战计划，集中兵力于南浔路与孙联军决战，消灭其主力于赣北，再相机夺取南昌。11月1日，北伐大军向南浔路各据点发起总攻，5日攻克九江，赣北敌军望风溃退，主帅孙传芳从湖口乘快舰逃回南京。主帅已逃，南昌守军终成瓮中之鳖。8日，应了事不过三的老话，南昌终于在第三次攻击中克服。次日，徘徊南昌城下一个多月的蒋介石如愿进入南昌。

在中国历史上，南昌多年来可以说是一个沉默的城市。多么大的政治风暴，到了南昌，好像也便成了一缕轻烟，悄悄散落在城内的大街小巷，或者便是落入了城里的那几眼古井中，南昌已经习惯了不怎么引人注目的日子。

但是，进入南昌的北伐军总司令蒋介石不这么看。他解释将总司令部设在南昌的理由是：要底定东南，稳定两湖，"军事重心系在南昌，东连浙，北接皖，西南

国民革命军第二军军长谭延闿　　　　　　国民革命军第六军军长程潜

苏联顾问加伦

又与湖粤相连，故总司令部设于此"。从当时的特定环境看，蒋介石之言应该说确实不无道理，但武汉在蒋介石军事思想中一直也占有十分重要的地位，此时战略上的重要性更不输于南昌，且云集了众多的国共两党精英，人们不禁要问，为什么要弃武汉而就南昌？

不过，问题到了蒋介石这里，很可能就要变成：武汉，我还能回去吗？

蒋的这种担心其实也不完全是空穴来风。就在南昌攻克前后，在武昌的一次军民集会上，场内的工人群众公开喊出"打倒蒋介石"的口号，并因此与中央军校学生动手，双方打得不可开交。这一消息很快传到蒋介石这里，虽然他去电指示军校学生，遇有工友幼稚时，"只能以理喻之，切不可与之争斗"，[4] 但对蒋这样疑忌颇深的人来说，乍闻打倒自己的口号，内心岂止是震怒而已。在蒋看来，武汉此时已是唐生智的天下，非他蒋某人所可控制。

实事求是说，北伐开始后，唐生智势力蹿升之快的确有点让人出乎意料，从1926年年中倒向广东方面到这年年底，仅仅半年时间，就俨然有和蒋介石分庭抗礼之势，如苏联顾问所说："唐生智和总司令部都力图拉第一把小提琴。"[5] 唐地位的

南浔铁路

[4]《蒋介石告武昌学兵团电》，《蒋介石言论集》第三集，中华书局1964年编印，第143页。
[5]布留赫尔《北伐时期国民革命军中的派系》，《联共(布)、共产国际与中国国民革命运动(1926—1927)》下，第391页。

民国初年的南昌城

这种变化，既由于本身实力的上升，也有风云际会的机缘，更和共产国际及中共方面的支持密不可分。早在1926年9月，在中共中央政治局会议上，张国焘就提出应当在国民党内按地区划分权力："江西和福建归蒋介石，湖南和湖北的一部分归唐生智，而广州和全党归汪精卫。"⑥ 而赫赫有名的苏联军事顾问团团长加伦说得更坦率：

之所以需要唐是要将他作为与蒋介石相对抗的力量。需要通过唐掌握蒋介石。为此，他应当在军事委员会里，在国民军中和在政府里占据所需的位置。但为了扮演这个角色，他应当有适当的力量。不能让他从这种与蒋介石相对抗的力量变成能够与国民政府相对抗的力量。⑦

问题很简单，蒋介石的所作所为已让苏联方面和共产国际对之起了很强的忌心。中山舰事件时，蒋介石出动部队包围省港罢工委员会以及苏联顾问和共产党人的住宅，监视全市共产党机关，扣押军内国民党左派党代表和政治工作人员，可谓大逆不道。对此，苏联采取了捏着鼻子忍让的态度，但蒋介石挟军队以自重的做法已大触苏联方面的忌讳。只不过当时确实没有拿得下蒋介石的把握，即使真能拿下蒋介石，损失也不堪设想，何况谁能取而代之，更是大费思量。当时广东几支部队的首领谭延闿、朱培德、李济深、李福林无论政治态度，抑或精神实力，在苏联顾

⑥《中共中央执行委员会政治局委员和共产国际执行委员会远东局委员联席会议记录》，《联共（布）、共产国际与中国国民革命运动（1926—1927）》上，第525页。
⑦《布留赫尔给张国焘的信》，《联共（布）、共产国际与中国国民革命运动（1926—1927）》（上），第633页。

广州国民政府向武汉迁都

苏联顾问鲍罗廷

国民革命军总司令蒋介石

问看来，都还不如蒋介石，他们的反蒋表态也不过是取而代之的私欲作怪，因此，暂时的忍让实在是没有办法的办法。

北伐开始后，军队分散、蒋介石出征前线、各实力派崛起，抑制、削弱蒋介石力量有了更大的操作空间。从保持国民革命方向不致被蒋介石控制、防止一人独大目标出发，共产国际和苏联顾问开始有意识地在北伐阵营里寻找能够和蒋介石抗衡的人物。此时，唐生智的主动靠拢及其不甘人下的雄心、政治军事改革的热情、雄踞两湖的军事实力都为苏联顾问所看中，唐生智和蒋介石的矛盾成为某些苏联顾问津津乐道的话题。当蒋介石攻下南昌后，武汉和南昌的对立几乎立即浮出水面。

当然，共产国际方面的意见也并不都完全一致。1926年11月10日，共产国际驻上海远东局和中共中央召开的联席会议上指出：

> 湖北的国民党中央政治委员会的工作如果没有唐生智的参加是无法进行的。而让唐生智参加委员会就意味着把整个政治领导交到唐手里。因此，建议我们的同志撤消关于在湖北成立国民党中央政治委员会的问题。[8]

但是，远东局和中共中央决议的墨迹未干，11月中旬，广东国民政府却在苏联派驻的国民政府高等顾问鲍罗廷影响下作出决定，准备迁都武汉。26日，中央政治会议临时会议正式同意迁都武汉。很快，鲍罗廷就于12月10日率领部分国民党党政领导人抵达武昌。

[8]《共产国际执行委员会远东局委员和中共中央执行委员会联席会议记录》，《联共（布）、共产国际与中国国民革命运动（1926—1927）》（上），第622页。

明知迁都武汉有使政府落入唐生智手中的危险，鲍罗廷仍在武汉和南昌之争中选择将政府迁至武汉，这肯定会给蒋介石留下苏联偏袒唐生智的印象，联系到这一时期各地出现的反蒋言论，蒋介石更在日记中直指"从中 CP 或有作用"。不过，从苏联方面说，虽然对蒋有不放心的一面，也有扶植唐生智的意图，但这只限于制衡范围，他们并无意挑起蒋介石与唐生智的冲突。11 月 25 日，联共（布）中央还从莫斯科发来电报，指示："必须劝告国民党中央利用自己的威信和影响来消除或者哪怕是缓和蒋介石、唐生智和其他将领之间的意见分歧。日益临近的联合起来的北方人的进攻危险迫切要求必须消除国民革命军军事首脑之间的纠纷。"⑨ 至于唐生智，他们同样有清醒的了解："他还不是革命者，也不是他的这些愿望促使他同左派调情。唐是个狡猾的、现实的军事政客。"⑩

对于鲍罗廷而言，选择武汉确也顺理成章。武汉九省通衢的战略地位和影响非南昌可比，而唐生智实力毕竟也还逊于蒋介石，在党内更属新进，驾驭起来显然要容易得多。实际上，由于苏联一开始对中国革命援助的军事重心还是放在国民党身上，当军事将领壮大后，尾大不掉就成了一个难以避免的难题。作为中国革命的援助者和实际指导者，苏联自然不想看着他们帮助长大的军事将领的脸色行事；而蒋介石之流在自身壮大后，也不想继续受制于人。苏联希望出现多头局面，但这些多头中的任何一头，都希望自己的头比别人更高，因此，每一次的平衡都意味着新的不平衡。

所以，被人称为"太上皇"的鲍罗廷，其实处境并不轻松，国民党的力量愈壮大，他的处境愈尴尬，有时甚至是如履薄冰。

1926 年 12 月 2 日，南昌章江门码头。

从广州经韶关、赣州北上的广州国民政府成员在鲍罗廷率领下抵

江西都督府

---

⑨《联共（布）中央会议第 71 号（特字第 53 号）记录》，《联共（布）、共产国际与中国国民革命运动（1926—1927）》（上），第 635 页。
⑩《布留赫尔给张国焘的信》，《联共（布）、共产国际与中国国民革命运动（1926—1927）》上，第 632 页。

鲍罗廷在武汉发表演说

达南昌。蒋介石亲自来到码头，坐船前往迎接。

从与鲍罗廷同船抵达的苏联顾问眼中看过去，当时蒋介石的模样是："穿一身军装，像系红领巾一样系了个国民党的领带，中等个儿，面容削瘦，胸脯凹陷，貌不惊人。他脸上由于自尊自足而发光，竭力摆出一副威严的姿态。"⑪

在章江门鼓楼下西大街，现在的北伐军总司令部、原来的江西都督府，蒋介石举行晚宴欢迎鲍罗廷一行。次日，在南昌市民欢迎大会上，蒋介石不惜肉麻吹捧鲍罗廷："鲍顾问，因为他是世界革命的领袖，是中国的导师，今天我特代表三千万江西民众的意志，欢迎世界革命的领袖！中国革命的领袖！"⑫

虽然话说得有点过头，但鲍罗廷当时在国民党内，确实有着"国师"的地位，这固然因为他有着苏联这一实力国家作后盾，同时，鲍纵横捭阖的手腕，理想与现实结合的冷静也是他获得人们尊崇的一个重要原因。1976 年 10 月，已经年近 80 的宋美龄回忆了 50 年前那个冬天与鲍罗廷的谈话，对这个总是叼着烟斗的俄罗斯人仍然既敬又怨。

可惜，蒋介石和鲍罗廷间这样欢快的日子很快就要结束了。鲍罗廷不会因为蒋介石的吹捧就改变对蒋的看法，对鲍罗廷拒绝定都南昌的要求，蒋介石也就不再说什么中国革命领袖之类的话了。相反，在蒋介石的口中，鲍罗廷的外国人身份被着意强调，言下之意，一个外国人，凭什么来指导中国革命。

不仅如此，1927 年 1 月，蒋介石更曾明确要求苏联撤换鲍罗廷。

1927 年 2 月 9 日，时在莫斯科的国民党驻共产国际代表邵力子致函共产国际执行委员会主席团和联共（布）中央，针对鲍罗廷要回国休假的说法，提请鲍氏"暂

⑪勃拉戈达托夫著、李辉译：《中国革命纪事（1925—1927）》，三联书店 1982 年版，第 217 页。
⑫转见黄修荣：《共产国际与中国革命关系史》上，中共中央党校出版社 1989 年版，第 298 页。

忍劳苦",打消回国休假的念头,继续在中国服务。邵力子这封信,是对鲍罗廷提出的撤换他自己提议的回应。

鲍罗廷的这个提议,当然是缘于他和蒋介石的冲突。

1926年12月13日,刚刚抵达武昌的鲍罗廷召集国民党部分党政领导人举行谈话会,提议由在武昌的国民党中央执行委员和国民政府委员组织临时联席会议,"执行最高职权"。联席会议代行最高职权,等于无形中取消了蒋介石在国民党内的党政最高领导人地位。

视权如命的蒋介石当然不会听任自己手中的权力轻易被人剥夺。1927年1月3日,蒋介石乘张静江、谭延闿等中央执行委员路过南昌北上武汉之际,召集会议,决定中央党部和国民政府暂驻南昌,迁都问题待召开中央执行委员会全体会议再议。国民党竟隐隐然出现了两个中央,中外报纸同声惊呼:"蒋介石和其他政府成员正在争斗。"

蒋介石对迁都的激烈反应多多少少有些出乎鲍罗廷的意料。作为一个老练的外交官,鲍罗廷十分精通于进退出处之道,虽然蒋介石和不少苏联顾问都有过摩擦,但对鲍罗廷还是尊敬有加。这是因为鲍罗廷很清楚这位消瘦的中年军人的性格,在公开的场合尽可能给他适当的台阶,私下里的一番美言和一点牛肉有时就可以得到更多更实质的让步。

也许这一次鲍罗廷过高估计了他在蒋介石心目中的地位,联席会议变相剥夺蒋介石最高权力的做法,很难不让蒋介石产生抵触情绪,而鲍罗廷对此还没有足够的警觉。接下来,蒋介石的武汉之行使双方几乎没有了转圜的余地。

1月中旬,蒋介石赴武汉,虽然武汉政府组织十几万人盛大欢迎,欢呼声"不绝于耳",[13]但其游说武汉国民党领导人迁驻南昌时,未获响应。1月12日,在欢迎蒋介石一行的宴会上,鲍罗廷直言不讳地告诫蒋介石:"蒋介石同志,我们三年以来共事在患难之中,所做事情,你应该晓得,如果有压迫农工,反对CP的这种事情,我们无论如何要想法子来打倒他的。"当着众人的面,受到如此强烈的批评,让蒋介石几乎失去了反应的能力。

鲍罗廷的发言,虽然没有直接点蒋介石的名,但再愚钝的人也知道说的是蒋介石。实在说,蒋介石这时候还没有很明显的压迫农工的事例,对共产党也承继着中山舰事件以来若即若离的做法。至于说蒋和日本、英国有些接触,也没有必要太过大惊小怪。因为联共(布)中央政治局就曾指示鲍罗廷:"最高领导机构不反对国民政府就在南满和山东作出某些让步问题与日本单独进行谈判,条件是日本在中国其他地方要作出实际让步。"可见苏联方面其实也不反对国民政府和日本展开接触,因为要将北伐进行到底,确实不能忽视日本在中国的实际影响力。

[13]《蒋总司令莅鄂盛况》,汉口《民国日报》,1927年1月13日。

鲍罗廷之所以如此对蒋介石不留情面，固然是蒋介石坚持己见，拒绝将国民政府移驻武汉，已经表现出了自立权威、脱离鲍罗廷轨道的企图，难以为鲍所容忍。同时，莫斯科政策的变化也不能不说是一个重要原因。1926年12月1日，布哈林在共产国际会议上发言，声称中国革命已经进入了一个新的发展阶段的前夜，将要形成无产阶级和农民联合的专政，现在面临的问题是："我们应该在农民这个革命的同盟者和大工业资产阶级之间作出抉择。"在共产国际的话语中，像蒋介石这样中间甚至偏右的人物当然都是资产阶级的代表，如今他们已经被归入了排除对象中。当然，布哈林也深知政治的韬晦之计，他并没有要在中国的苏联顾问采取盲动的策略，而是要求他们小心、巧妙、谨慎地进行这一革命力量的重新组合："我们的政策是不断地设法夺取军队、政府及各省和中央国家机关中的阵地。"⑭

或许，在鲍罗廷内心中，当他直言不讳地批评蒋介石时，还有将国民党和蒋介石改造成为一个俄国式政党和领袖的期许，在此前后，他在和宋美龄的谈话中就谈到了俄国经验：

我们又察觉，人都希望获得认同。批评者指责他人、栽诬他人，就即刻觉得自己没有那些过失，几乎是十全十美，比别人至善至美，自况没有犯他所指摘那个人的错误。我们就利用这种人性的弱点，进而让这位批评者批评他人，再渐渐将批评指向这位批评者，慢慢或引导他走向自我批评——你可以说这是自我鞭笞的道路。这确实是一种很好的方法，来保持我党同志的正直与严密，慢慢培养干部们的谦逊，并抑制捣蛋分子。⑮

但是，鲍罗廷这一套自我改造的做法，在没有思想基础的国民党和蒋介石那里，显然不可能行得通。

因此，鲍罗廷对蒋介石的当面批评虽然师出有名，但确实不够策略，起码惊动了蒋介石，使蒋介石从此以后走上了与苏联离心离德的不归路。用蒋介石的话说就是：

我校长教学生还没教得这样子严重。乃在宴会场中几百人的中间，把我一个国民革命军的领袖，又是中国国民党里面的一个领袖，来给他一个外国顾问苏俄代表当奴隶一样教训，这是怎么一回事？

---

⑭《布哈林在共产国际执行委员会第七次扩大全会中国委员会会议上的发言》，《联共（布）、共产国际与中国国民革命运动（1926—1927）》（下），第19—22页。
⑮宋美龄：《与鲍罗廷谈话的回忆》，台北源成文化图书供应社1976年版，第18页。

他咬牙切齿地发誓："我哪里可以放过你！"⑯

蒋介石回到南昌后，立即强烈要求撤换鲍罗廷，虽然鲍罗廷事后曾暗托宋子文等对蒋表示歉意，甚至声言今后愿与蒋一同随军行动，"不问中央事"，但不为蒋所谅解。即使在莫斯科明确表示拒绝将鲍罗廷撤换后，2月下旬，他在九江与共产国际代表维经斯基谈话时仍坚决要求撤换鲍罗廷，甚至不惜以"我们准备决裂"相威胁。

应该说，在中国的苏联顾问对鲍罗廷的做法并不都完全赞成，莫斯科就曾来电要求对鲍罗廷和加伦的意见分歧做出说明，上海的共产国际远东局及维经斯基与武汉方面也有矛盾，但面对蒋介石越来越明显的离异举动，大家还是同仇敌忾，难以容忍，武汉方面对蒋的抨击也到了"个人独裁"的高度。

1927年3月，国民党二届三中全会在武汉召开，蒋介石留在南昌，没有到会。会议决定将一切军事、政治、外交、财政等大权，均集中于党，确立中央执行委员会常务委员会、政治委员会和军事委员会的集体领导制度，规定总司令为军事委员会委员之一。这次全会实际撤销了蒋介石国民党中央执行委员会常务委员会主席、军事委员会主席等职务。蒋介石在国民党正常组织程序中可以说遭到了毁灭性打击。

但是，蒋介石并不甘于由此出局。他在日记中写道，虽然当年孙中山领导革命时，自己总是潇潇洒洒，合则来不合则去，但此时却绝对不会离开，而是要决斗到底。他不无狂妄地宣称：

我只知道我是革命的，倘使有人要妨碍我的革命，反对我的革命，那我就要革他的命！

现在共产党员，事实上有许多对国民党党员加一种压迫，表示一种强横的态度，并且有排挤国民党员的趋向，使得国民党党员难堪。这样，我便不能照从前一样的对待共产党员了。如果共产党员有跋扈强横的事实发生，那我一定要纠正他，并且一定要制裁他们。⑰

蒋介石开口闭口革命，似乎留下来完全是为了完成未竟的革命事业，其实真正的个中缘由，只有他自己心里最清楚。当年他只是革命阵营的一兵，成败由人，功过也由人，所以一不开心，就可以抬腿走人。说穿了，也就是不用负责任，或者说不负责任。如今，大权在握，成败在己，他当然不会再像当年那样随心所欲，拂袖而去，因为那样做，就意味着几年辛苦付诸东流。

没有什么比权位更能让人不动如山。

---

⑯蒋介石：《黄埔同学会会员大会训词》，《蒋介石言论集》第四集，第280页。
⑰《中共党史参考资料》，解放军政治学院1981年编印，第239页。

蒋介石开始准备与苏联和共产党人翻脸。

1927年3月6日，驻赣新编第一师党代表倪弼将江西总工会副委员长、赣州总工会委员长、共产党员陈赞贤枪杀，制造了赣州惨案。这是蒋介石准备与共产党决裂后制造的第一起血案。刚刚还是同一战壕的战友，转眼竟然兵刃相向，不能不使中共党人为之震惊，刘少奇在陈赞贤遇害11天后发表文章质问：

陈同志是革命工人的领袖，在革命的蒋总司令坐镇之江西，在革命军新编第一师驻防地赣州，是如何被枪毙的呢？这不得不使我们奇怪！在孙传芳张作霖统治下的上海、天津，枪毙工人领袖，固然是常事，但我们从没有把现在的江西放在上海、天津同一感觉之下，如今事实上的表现，却不得不改变我们对于江西前此的观念了。[18]

刘少奇的质问一针见血，但已不能挡住蒋介石反共的步伐。就在赣州惨案前后，蒋介石在给何应钦的电报中表示："共产派在武汉破坏军事更烈，非克复南京自立基础，决难立足。"[19] 已在准备抛开武汉，另立炉灶。紧接赣州惨案，3月16日，蒋介石又强迫解散国民党南昌市党部，解散江西省学联。17日，在九江捣毁国民党九江市党部、总工会。23日，蒋介石到达安庆后不久，国民党安徽省党部、总工会被捣毁。

虽然蒋介石动作频频，摆出一副不惜一切的姿态，但要下决心与苏联及中国共产党彻底决裂，他还颇费掂量。在蒋介石怂恿下，何应钦、顾祝同等多次在蒋面前表达对共产党的不满，谈起来兴味十足，"激昂唏嘘"，但蒋的态度却阴晴不定，时而愤而应和，时而痛加训斥，弄得何应钦一干人常常灰头土脸。以致力主反共的邵元冲在日记中写道，反共问题，蒋"屡次游移，且事后每由他人受过"。[20] 李宗仁则回忆，3月初，他与蒋见面时，蒋因为与苏联、中共关系问题，"面色沮丧，声音嘶哑"。[21]

蒋介石结义兄弟黄郛（膺白）夫人沈亦云的回忆更刺激，由于与武汉关系恶化，蒋介石举棋不定，神经紧张，精神接近崩溃，有一次蒋和张静江、黄郛三人聊起时局时，"蒋先生在很气愤的时候忽然起身往里走，急得静江先生连呼'膺白膺白'，要他追进去，防有意外"。[22] 张静江双腿残疾，和蒋朝夕相处，听蒋说过很多次要自杀，

---

[18] 刘少奇：《论陈赞贤同志在赣被害事》，《刘少奇论工人运动》，中央文献出版社1988年版，第34页。

[19] 《邵元冲日记》，上海人民出版社1999年版，第311页。

[20] 《邵元冲日记》，第310页。

[21] 《李宗仁回忆录》上，广西政协文史资料委员会1980年版，第458页。

[22] 沈亦云：《亦云回忆》上，台北传记文学出版公司1980年版，第260页。

01_ 国共分野

国民党二届三中全会召开

安庆三二三惨案

九江三一七惨案

革命者在上海街头遭逮捕

1927年，蒋介石在上海发动四一二反革命政变

蒋介石指使当地驻军杀害赣州总工会委员长、共产党员陈赞贤

北伐军副参谋长白崇禧

生怕这一次蒋会顶不住压力,弄假成真。

短暂的痛苦、犹豫之后,蒋介石终于作出了抉择。对蒋介石而言,也许在他看来,此时退一步就是万丈深崖。3 月 21 日,一直积极反共的邵元冲日记记有:"静江谓介石对于与共产党分离事已具决心,南京定后,即当来宁共商应付。"[23] 26 日,蒋介石进入上海。洋场依旧,斯人却已今非昔比。东南经济重心拿在手中,进一步增加了蒋介石与武汉对抗的信心。27 日,蒋召集吴稚晖、李石曾、蔡元培、张静江、邵元冲等到总部行营,秘密"开会讨论与共产党分裂之办法"。蒋介石的变化,一直和他保持接触的苏联顾问有最切身的体会:

我在观察他的时候发现,在他的举止和面部表情中,出现了某些新的东西:他满脑子装的是自命不凡,唯我独尊的意识。我们以前每次见面时,他一般都很随便热情。而现在,他懒洋洋地躺在椅子上,模仿拿破仑,把两手交叉在胸前,噘起下嘴唇,作出看不起人的表情。[24]

[23]《邵元冲日记》,第 315 页。
[24] 勃拉戈达托夫著、李辉译:《中国革命纪事(1925—1927)》,三联书店 1982 年版,第 287 页。

4月2日，蒋介石和李、黄、白广西三巨头加上广东的李济深，集结吴稚晖、何应钦、李石曾、陈果夫、陈立夫等在白崇禧的东路军前敌总指挥部决定"反共清党"的大政方针。4月15日，蒋介石正式发布《清党布告》，宣称："此次中国国民党中央监察委员会举发共产党连同国民党内跨党之共产党员等有谋叛证据，请求中央执行委员会各委员在所在各地将首要各人就近知照公安局或军警机关，暂时分别看管监视，免予活动。"㉕

蒋介石与苏联和共产党人的合作终于走到了尽头。苏联顾问的结局是回国，而中国共产党人则别无退路，必须在武器的批判中寻找到自己继续生存的空间。

㉕《蒋介石言论集》第四集，第225页。

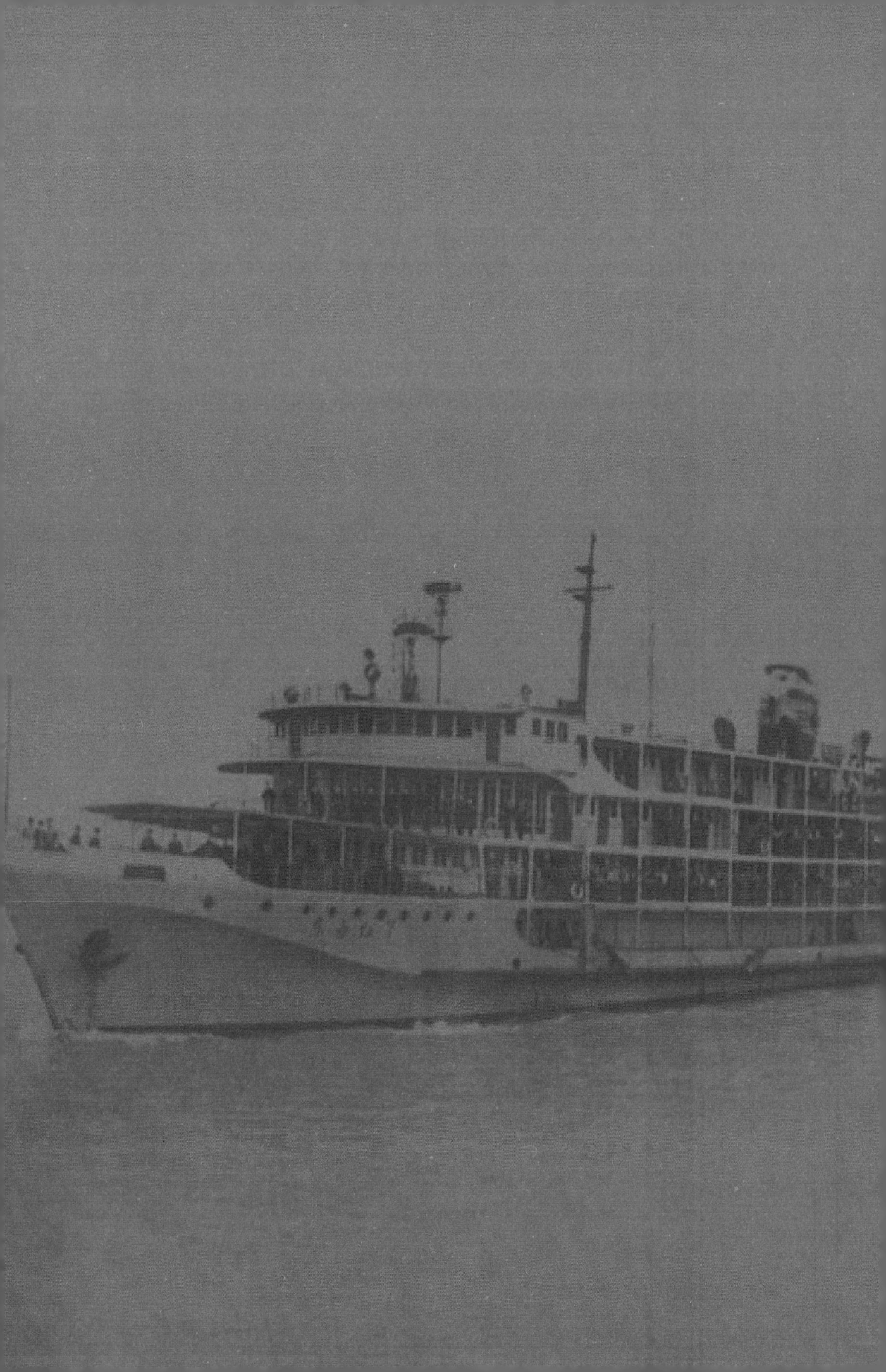

02 歧路徘徊

突然的打击降临到年轻的中国共产党身上。

可以毫不夸张地说，在中国历史上，从来没有哪一种政治力量可以像20世纪20年代的中国共产党那样，集结了这么多有理想、热情、献身精神的青年人。1927年4月27日至5月9日，中国共产党在武汉举行的第五次全国代表大会上，选出中央政治局委员7人：陈独秀、张国焘、李维汉、蔡和森、李立三、瞿秋白、谭平山，候补中央政治局委员4人：苏兆征、张太雷、陈延年、周恩来。这11人中，年龄最大的陈独秀，48岁，在党内被称作"老头子"已有几年了。过40岁的还有苏兆征：42岁，谭平山：41岁。其他人都在30岁上下，蔡和森32岁，李维汉31岁，张国焘30岁，张太雷、陈延年、周恩来都是29岁，最年轻的李立三、瞿秋白只有28岁。这就是让蒋介石舍之可惜、用之担心的中国共产党人最核心的领导机构。

年轻意味着热情、奋发、朝气蓬勃，当然，年轻也意味着冲动、缺乏经验，正如周恩来后来所说："青年人革命热情很高，但我们那时好像天下大事就那么容易，青年稍微有一点成功就容易骄傲，至少是头脑发昏。结果给敌人骗了。"但是，年轻、冲动绝不意味着就可以任人宰割。当像陈延年这样还不足而立之年的一批年轻人惨遭屠杀时，中国发黄的历史上又一次留下了令人痛心的殷红的鲜血。

此时，武汉国民政府仍然表示要坚持革命。4月初，千呼万唤的汪精卫回到国内，甫抵上海，就发现这里气氛紧张，蒋介石等人已磨刀霍霍。在和陈独秀草草搞了一个汪陈联合宣言，希望平息一下各方情绪后，很快来到武汉，成为武汉国民政府的领袖。4月17日，汪精卫主持的武汉国民党中央下令开除蒋介石的党籍，免去其本兼各职，"着全体将士及革命民众团体拿解中央，按反革命罪条例惩治"。[1] 武汉方面此举，当然是形式胜于实质，旨在于与反苏反共的蒋介石南京集团区隔。

但是，区隔蒋介石容易，下一步自己该怎么走，武汉方面却有些六神无主。此时，武汉政府可以说是四面受敌，北有奉系军阀，东有蒋介石，南有受南京政府节制的两广，西有四川军阀杨森。在此形势下，东征与蒋介石集团决战前途未卜，汪精卫及唐生智都不敢轻易一试，而共产国际及其派驻武汉的代表鲍罗廷、罗易面对日益复杂的形势，颇露张皇，下一步行动方针也含糊不清。

---

[1]《四一二反革命政变资料选编》，人民出版社1987年版，第129页。

陈独秀 　　　　张国焘 　　　　瞿秋白 　　　　谭平山

中共第五次全国代表大会选出的政治局委员：陈独秀、张国焘、瞿秋白、谭平山等

4月15日，抵达武汉的中国共产党的领导人陈独秀和苏联顾问鲍罗廷都反对立即东征讨蒋，主张继续北伐，他们强调，东南地区列强势力强大，无产阶级力量薄弱，东进可能逼迫蒋介石联合张作霖，并招致帝国主义干涉，成功希望渺茫。北伐可以与冯玉祥部会合，打通苏联通道。陈、鲍的意见加上汪、唐的坚持使继续北伐主张定局。

4月19日，武汉政府任命唐生智为北伐军总指挥，誓师继续北伐，沿京汉路向河南进发，同时要求冯玉祥的第二集团军东出潼关，沿陇海铁路东进，和武汉北伐军会师郑州。北伐军出师后，取得一定进展。6月1日，唐、冯两军在郑州会师。

前线的胜利，并没有纾解武汉政府在后方遇到的困难。由于周边形势的恶化、列强的封锁及工农运动指导中的过火倾向，武汉地区金融阻滞，商业停闭，物资奇缺，物价狂涨，失业工人骤增，陷入严重的社会经济危机。虽然斯大林为保证武汉不向南京就范，准备"再给武汉方面三百万至五百万"救急，但远水解不了近渴。汪精卫6月底与共

武汉国民政府旧址

产国际代表罗易会谈时，一再强调自己"很为难，一筹莫展"，"没有人支持我"。汪精卫是一个爱惜羽毛的人，爱惜羽毛者虽然并不就能出离龌龊，但往往需要给自己正面的心理暗示。从汪精卫的性格和一贯做派看，他的这种说法，实际预示着他已准备牺牲共产党人，作出重大政策转变。

当然，汪精卫关于其处境难堪的说词，也不完全是无中生有。

从实际力量言，当时武汉政府主要依靠的是北伐时期的第四军和第八军。武汉攻克后，以第四军第十师为基础，新编了第十一军，原师长陈铭枢为军长。原第四军第十二师师长张发奎任第四军代军长，由于陈铭枢不久离开武汉投奔蒋介石，第十一军军长由张发奎兼任。身兼极具战斗力的两个军的军长，张发奎成为北伐战争中腾空而起的最为耀眼的将星之一，萧克曾谈到：

张发奎是铁军中最显赫的人物，当时部队中对于他和陈铭枢（第四军第十师师长）的指挥有这样的评论："张发奎攻击勇猛，陈铭枢会守会攻。"1928年国民党军事杂志中登有蒋光鼐写的文章，其中有一段话评价张、陈二人："向华（张发奎）师长之蹈厉无前。真如（陈铭枢）师长之指挥若定。"这两句话是中肯的。[②]

张发奎立场左倾，部队中共产党员和进步官兵较多，军政素质较好，共产党员叶挺任师长的第二十四师就属于张军，因此部队所到之处，"本'民众化'之旨，到处以人民团体或个人，以极诚恳和蔼之态度，与之联络，及访问各地人民之生活状况与痛苦，并助人民组织团体"。同时他在组织上向汪精卫靠拢，视汪精卫为精神领袖，是武汉国民政府可资依靠的基本军事力量。

武汉国民政府主席汪精卫 　　国民革命军第四军代军长张发奎 　　国民革命军新编第十一军军长陈铭枢

[②] 萧克：《铁军纵横谈》，《近代史研究》1989年第4期。

柳直荀关于马日事变的回忆

唐生智是武汉最大的军事实力派。北伐开始后，势力迅速膨胀，其第八军在半年时间内已扩至第八、十二、十七、三十五、三十六军计5个军。虽然唐生智在武汉属于苏联方面的扶植对象，但其内心对唐并不抱太大的期望："唐生智在同蒋介石争夺军事影响的同时，支持国民政府的其他成员，并在接近共产党人。但他在革命事业中并不是比蒋介石更可靠的因素。"唐生智的政治基础在湖南，而湖南又是农民运动发展最猛烈的地区，农民运动对旧有秩序的冲击，必然动摇其对湖南的控制，所以唐生智告诉著名的国民党左派徐谦：他的军官不同意开展工农运动，他们反对分给士兵土地。唐生智还语带威胁地警告：如果情况不改变，将很难管住军队。

不能说唐生智的说法纯属信口雌黄，苏联顾问也承认：

农会是新政权的萌芽，但这些组织有时起着反动作用，因为他们带有地方主义色彩。例如，它们从地主豪绅那里夺取储备的粮食和大米，不许把这些储备粮运出本村、本地区和本县，有时妨碍有计划地向军队供应粮食和把大米运往需要的地区。③

唐生智的威胁很快成为现实。5月13日，唐生智辖下独立第十四师师长夏斗寅发出反共通电，声称工农运动使"商叹于市，农怨于野"，要起而驱逐共产党。夏斗寅率领叛军，乘唐生智、张发奎两部北伐，武汉空虚之际，率兵直逼武汉。国民政府不得不紧急调派叶挺第二十四师，以及由中央军校学生组成的独立第十一师镇压叛乱。

③《鲍罗廷关于中国政治局势的报告》，《联共（布）、共产国际与中国国民革命运动（1926—1927）》下，第226页。

夏斗寅叛变刚刚平定，长沙又发生"马日事变"。根据罗易的报告，5月19日，长沙工人纠察队与军队发生冲突。21日，群众举行游行示威，何键的第三十五军许克祥团与工人纠察队和农民自卫军发生武装冲突。随后，军队对群众武装展开镇压，湖南省总工会、省农民协会、国民党省党部被封，工人纠察队和农民自卫军武装被解除，100多名共产党员和革命群众被杀害，大批共产党员被逮捕。"在叛乱期间，士兵们高呼：'蒋介石万岁！'，墙壁上也悬挂着写有这类口号的标语"。④武汉政府感受到来自内部的巨大压力。

唐生智及其下属反对工农运动的行为主要缘于运动影响到了他们的自身利益，工农运动本身的过火一面则加剧了双方的对立。据汪精卫在国民党中央开会时转述，毛泽东曾报告："农民协会确有扰害军人家属的举动……农民协会有哥老会在内把持。他们既不知道国民党是什么，也不知道共产党是什么，只晓得作杀人放火的勾当。"⑤当时武汉的情景严肃中更是带点滑稽："工会的

江西省政府主席朱培德"礼送"共产党员出境的报道

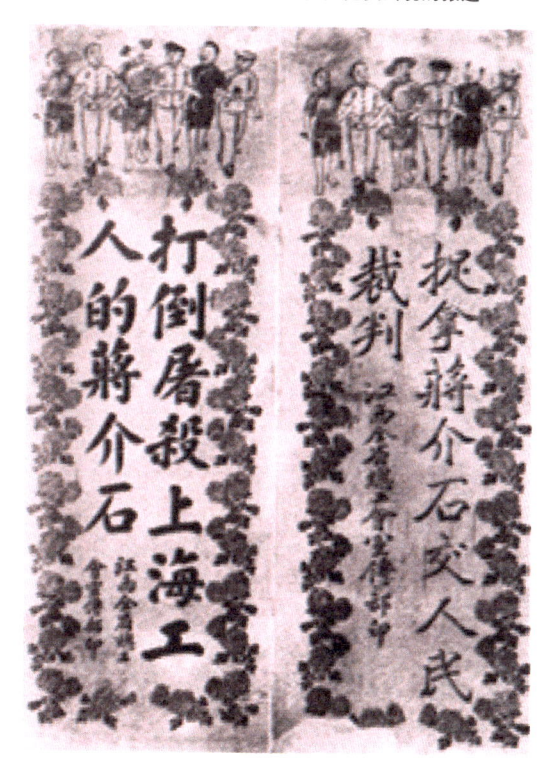

江西省总工会张贴的反蒋标语

④《罗易就中国形势给共产国际执行委员会政治书记处和斯大林的书面报告》，《联共（布）、共产国际与中国国民革命运动（1926—1927）》下，第284页。
⑤《中国国民党中央执行委员会政治委员会第二十八次会议速记录》，《中国国民党第一、二次全国代表大会会议史料》下，江苏古籍出版社1986年版，第1232—1233页。

童子军……把守着路口，每逢穿长衣的人经过，都要拦住剪长衣。这班穿长衣的先生们，在大路上远远望见那些虎虎的童子军，便鸡飞狗走的往小巷乱钻。秩序那样的凌乱，武汉真有岌岌可危之势。"⑥

宁汉冲突爆发后，江西居于双方冲突的焦点，位置十分重要。江西如果倒向宁方，则湖北直接处于宁方攻击之下。所幸国民革命军第四集团军第五方面军总指挥、江西省政府主席朱培德对蒋介石心存戒心，选择站在武汉一方。但面对越来越高涨的工农运动，朱培德也开始动摇。5月底6月初，朱培德在江西宣布"礼送"军队中的政治工作人员和党政机关、革命团体已公开身份的共产党员出境，暂停工农运动。

雄踞一方的军阀冯玉祥

武汉内部危机重重，外面原来欲引为臂助的冯玉祥也让汪精卫等头痛。6月1日，武汉北伐军与冯玉祥部会师于郑州，汪精卫等随即专程赶赴郑州，竭力拉拢冯玉祥，许给冯河南地盘，而共产国际早在此前也提出："有必要根据国民政府的请求，从以借款形式拨给国民政府的款额中调拨60万卢布交冯支配。"⑦

郑州会面时，武汉方面的好意，冯玉祥虽统统笑纳，但他并没有像汪精卫等期望的那样，由此在汉宁之争中站到武汉一方。6月19日，冯玉祥东赴徐州，与蒋介石等会面。蒋介石投冯所好，答应每月给冯提供250万元军饷，令冯感激涕零，表白今后"当唯蒋总司令马首是瞻"。徐州会议结果，蒋介石回南京后曾不无得意地报告："第一，党必须统一，不许武汉党部存在；第二，鲍和共产党在中国革命中只有捣乱，没有帮助；第三，武汉军队不得长在武汉捣乱，仍须回到河南，加入前线。"⑧显然，汪、蒋对冯玉祥的争相拉拢，蒋介石拔得头筹。6月27日，冯玉祥致电汪精卫，以最后通牒的口气提出：

共产党应对湖南湖北的一切不幸负责。共产党阴谋消灭国民党。因此，同共产党合作违背国民革命的利益。武汉国民政府应该摆脱共产党的影响。应当把国民革

---

⑥ 陈公博：《苦笑录》，现代史料编刊社1981年版，第86页。
⑦《联共（布）中央政治局秘密会议第97号（特字第75号）记录》，《联共（布）、共产国际与中国国民革命运动（1926—1927）》下，第217页。
⑧ 蒋介石：《上海特别市全体党员欢迎大会演说》，《申报》，1927年7月7日。

命的一切敌人赶出国民党，如有必要，应予惩罚。⑨

内外交困，武汉国民政府几近绝望，被多位苏联顾问视作"中央委员会内唯一的左派"的汪精卫，也终于不得不收起刚回武汉时高唱的左派高调。6月24日，罗易向联共（布）中央政治局报告："汪本人认为，将共产党人开除出党将意味着国民党的政治死亡，但他本人不能阻止这样做。"⑩武汉的分共已箭在弦上。

5月，刚刚在中共五大上被选为中央政治局委员的周恩来到达武汉。此时武汉的局面，不能不令他为之揪心。

说来说去，之所以会走到这一步，关键还在于自己的实力不够，仰人鼻息，自然只能看着他人的脸色行事。而中国共产党又是这样一个行动力极强的政党，背后还有影响着中国革命进程的共产国际和苏联的支持，行事高调、望重声隆，招人嫉恨实在是难以避免。

在中国共产党的领导人中，周恩来是早期军事工作的重要开创者之一。这只要看看他的履历就知道了：

1924年11月，任黄埔军校政治部主任。

1925年2月，任中共广东区委常委兼军事部长，参与领导黄埔军校校军进行第一次东征。9月，任国民革命军第一军政治部主任、第一军第一师党代表、东征军总政治部总主任，少将军衔。10月，参与领导第二次东征。

1926年2月，任第一军副党代表。12月，在上海任中共中央组织部秘书兼中央军委委员。

1927年2月，任中共上海区委军委书记。3月，领导上海工人第三次武装起

时任黄埔军校政治部主任的周恩来

---

⑨《罗易同汪精卫的谈话记录》，《联共（布）、共产国际与中国国民革命运动（1926—1927）》下，第367页。
⑩《罗易给联共（布）中央政治局的电报》，《联共（布）、共产国际与中国国民革命运动（1926—1927）》下，第351页。

孙中山等步出国民党一大会场　　　　　第三次上海工人武装起义

义，任总指挥。5月，在中共中央政治局常委会议上被任命为中央军事部长，必要时参加常委会议。

在中国共产党领导的第一次成功的军事斗争——上海工人第三次武装起义中，总指挥周恩来展现了突出的组织和军事才能，因此，他成为中共中央军事部长，确属众望所归。

然而，从总体上说，这一时期的军事工作，却是后来被人们诟病的一个话题：没有自己独立掌握的军队，过于依靠军事实力派，等等。

作为从事军事工作的领导人，周恩来不会看不出那些问题。但是，做事后诸葛亮总是容易的，如果能了解一下当时的实情，也许批评起来就不会那么顺嘴了。

1924年国共合作时，中共成立只有3年，党员不足千人，而国民党已经奋斗了数十年，拥有广东作为政治军事基地及像孙中山这样具有全国影响的政治领袖。因此，共产国际及苏联当时在考虑发展革命力量时，将国民党作为首要支持对象实在也是立足实际的现实选择。此后，共产党的迅速发展壮大，国民党军事力量急速成长，国民政府北伐，都是在短短2年多时间完成的，形势一日千里，发展之快，令人眼花缭乱。可以肯定地说，没有任何人可以对这一切作出事先的精心设计。

无论是蒋介石、陈独秀还是鲍罗廷，其实都在摸着石头过河。

当孙中山开创黄埔军校时，军校能否坚持下去，他没有把握。当蒋介石发动东征时，广东政府能否在内外夹攻下生存，同样难以确定。当时，国共两党合作奋斗的，还只是保住广东这一国民党的传统基地。两次东征成功，国民政府终于稳定后，中共和苏联方面如要另起炉灶势必引起蒋介石等军事实力派的疑虑。因此，虽然中共和苏联方面对军事问题其实一直予以高度重视，但始终没有来得及建立起真正属于自己的部队。

对于苏联顾问来说，他们的经验也在一定程度上限制了其建立中共独立军队的要求。事实上，十月革命就是一场人民革命，在这其中，军队是附和者，并不是革命的决定力量。而十月革命后，苏联通过政治工作对军队实行改造，使军队成为党领导下的武装力量。有这些现成的经验，加上现实操作中的便利，苏联没有能够帮助建立中共独立领导的武装力量，而是更多把精力放在对国民党军队的改造上，20世纪20年代盛行的"党军"的概念，其实就是苏联这一意图的反映。中共党人包括周恩来在这一时期参与领导开展的军队政治工作，确实也使国民革命军具有了不同于以往的精神面貌和战斗力。

但是，对于中国习惯以实力说话的军事强人而言，政治只是他们变换自己颜色的美妙外衣，一旦时机成熟，他们随时会用森冷的刺刀挑下这块遮羞布。而共产党人在工农运动上的投入和成就，也很难敌得过武器的批判。三二〇事件后，共产党人不得不大批退出军队，周恩来也离开了他付出大量心血的第一军。而1927年5月底的长沙城下，集合起的10万农民武装仍然无法抗过叛军的几轮排枪。

严酷的现实迫使共产党人重新检讨自己的军事政策。1926年年底，斯大林着重提出了中国共产党人要设法夺取军队的问题。12月1日，布哈林则谈到共产党人下一步的任务应该是"不断地设法夺取军队、政府及各省和中央国家机关中的阵地"。[11] 军队被提到了首当其冲的高度。

这一时期，共产党人军事行动的目标一是发展工人、农民的纠察队武装，力争形成自己掌握的第二武装力量；二是争取"由党员来掌握指挥岗位"，不动声色地夺取军队。纠察队武装在周恩来等领导的上海工人第三次武装起义发挥了重要作用，但其武器、训练毕竟难以和正规军队相比。通过党员掌握军队虽然不是天方夜谭，1927年初的报告显示，各部队中已有近500名共产党员担任下级指挥员，几十人任中级指挥员，但在视军队为生命的各军事实力派那里，要进一步扩大共产党的力量实在是难上加难。

1927年5月以后，面对日渐严峻的形势，共产党人越来越痛感缺乏军事实力的无奈，同时加强军事工作的愿望也更加迫切。5月12日，张国焘在汉口召开的中共中央政治局和共产国际代表联席会议上提出："派遣工人和农民到军队中去，并把他们武装起来。"[12] 蔡和森说得更直截："北伐是冯玉祥的事，东征是唐生智的事，都与我们无关。我们不要再为他人做嫁衣裳，伐来伐去，依然两袖清风，一无所得！""现在我们必须坚决地、自觉地来干我们自己的事，来找我们自己的地盘和武力。"[13]

几乎是同时，5月13日，联共（布）中央政治局秘密举行会议讨论中国问题，

---

[11]《布哈林在共产国际执行委员会第七次扩大全会中国委员会会议上的发言》，《联共（布）、共产国际与中国国民革命运动（1926—1927）》下，第22页。

[12]《中共中央政治局和共产国际执行委员会代表联席会议记录》，《联共（布）、共产国际与中国国民革命运动（1926—1927）》下，第249页。

[13]《蔡和森的十二篇文章》，人民出版社1980年版，第79页。

随即向鲍罗廷、罗易、陈独秀发出电报，严厉要求："现在就应开始组建八个或十个由革命的农民和工人组成的、拥有绝对可靠的指挥人员的师团。这些师团将是武汉在前线和后方用来解除不可靠部队武装的近卫军。此事不得拖延。"⑭ 在随后的"五月指示"中，又明确为：动员 2 万名左右的共产党员和 5 万革命工农，组织一支可靠的军队。为实施这一计划，苏联方面特为此提供经费。联共（布）中央政治局会议决议强调："寄去的经费对于和陈独秀一起组建可靠的革命军部队是特别需要的。必须了解实际上为此在做什么工作。随着这项工作的开展，我们将按确定的数额寄出经费。"⑮

周恩来成为中共中央军事负责人后，要完成的就是这样的任务。

但是，在当时汪精卫等随时可能离开革命阵营的背景下，仓促间组建数万大军未免有点异想天开。陈独秀说得很坦率：建立军队的问题，不是言过其实，就是一种幻想。此时，陈独秀对苏联方面的批评越来越直接，因为在他看来，苏联越空传来的尽是些不切实际、屎急了挖茅坑的电波，不足成事，坏事有余。早在前一年，他就说过，跟国民党在一起，不会有什么好结果。如今，事态的发展不幸竟使其预言成谶，陈独秀愤怒、懊恼、无奈，已经有点破罐破摔的意味了。

周恩来不是陈独秀。虽然对苏联方面他也不无抱怨，在 6 月底的政治局会议上，当陈独秀表示不能同意莫斯科的意见，张国焘更直言要"拒绝并通知莫斯科"后，周恩来也谈到："在上海我们收到了莫斯科关于建立民主政府的指示，后来当我们这样做了时，他们却对我们说，这是不对的。莫斯科经常这样做。应当弄清楚，莫斯科到底想怎么办。"⑯ 但是，抱怨归抱怨，周恩来知道，没有苏联的支持，就不会有中国革命的现在，他更明白自己现在位置的重要，仍然全力以赴地投入工作。

6 月中旬，周恩来主持派出军事干部十人到湖南浏阳、平江一带组织农民，准备武装暴动。当时，湖南农民运动拥有很大力量，叶挺第二十四师也驻军湘鄂边境，而唐生智主力大部分还在河南，这是一个稍纵即逝的良机。17 日和 20 日，周恩来两次在中央常委会议上提出湖南暴动计划：先取湘潭，集中浏阳、平江，全力攻下反动势力薄弱的城池，而在反动势力较强的地方则到各处打土豪劣绅，在可能范围内成立乡村的临时委员会。这一计划的提出和结果，蔡和森有较详细的记载：

派去大批军事同志赴湘发展农民暴动，推翻许克祥。这些军事同志去时，中央

---

⑭《联共（布）中央政治局秘密会议第 102 号（特字第 80 号）记录》，《联共（布）、共产国际与中国国民革命运动（1926—1927）》下，第 252—253 页。

⑮《联共（布）中央政治局秘密会议第 112 号（特字第 90 号）记录》，《联共（布）、共产国际与中国国民革命运动（1926—1927）》下，第 349 页。

⑯《希塔罗夫关于中共中央政治局与共产国际执行委员会代表联席会议的报告》，《联共（布）、共产国际与中国国民革命运动（1926—1927）》下，第 361 页。

常委出席说明是要准备对付整个的唐生智的反动之到来。于是中央与国际代表之间，组织一湖南特别委员会，专为指挥湖南暴动。后来此会开会数次，外国同志将暴动计划改了又改，同时所决定之款项迁延不发，而我们已派去大批军事同志前去，须要计划与款项异常之急；最后外国同志听了一个不关重要的报告，认为我们自己在湖南的势力已完全瓦解，暴动为不可能，对于前次所决定之款完全翻腔。于是军部周恩来同志与鲁易大闹一场，取消此委员会。⑰

6月下旬，鉴于武汉方面军事将领有制造反共事变消息，周恩来受命筹划将武汉总工会纠察队调到武昌参加第四军。同时，负责处理解散武汉工人纠察队及童子团，交出部分破旧枪支，大部分枪支和纠察队员陆续转移到贺龙、叶挺部队。

周恩来的上述措施，客观上其实都在为共产党人将要开展的武装斗争作准备。尤其值得一提的是，这一时期，他负责主持成立中共中央军委特务工作处，即后来中共中央特科的前身，负责情报、保卫、特务工作。这个机构在未来中国共产党领导的革命运动中发挥了难以估量的作用。

任何人都不可能改变一切，但可以担起自己身上的那一份责任。关键的人物在关键时刻担起了自己，有时就是担起历史。

北伐时期的共产党人中，叶挺是唯一一个做到师长一级的将领。

以叶挺的资历和能力，无论在当时还是在后来，或许他都还能做得更高。

1922年，孙中山大元帅府警卫团有三个营长：叶挺、张发奎、薛岳。

1927年，和叶挺同年的张发奎已经先后担任第四军、第十一军军长，第四方面军第一纵队司令官，第二方面军总指挥，地位远在叶挺之上。抗战时期，更高居第四战区司令长官之职。薛岳北伐时任第一师师长。抗战时期任第九战区司令长官，先后组织实施四次长沙会战，有"抗日第一名将"之称。相比之下，叶挺的人生之路要坎坷得多。1940年7月，叶挺路过柳州，与张发奎见面时，张发奎指着他的鼻子开玩笑："尔这个衰仔，当了三年军长，不升不调，又辞不掉，全国找不到第二个。"

说这句话的时候，他们或许都不会想到，一年后，叶挺还会成为当年的蒋总司令的阶下囚。

这一切，当然是因为叶挺共产党员的身份。

1924年国共两党合作后，叶挺赴莫斯科，先后入东方劳动者共产主义大学和红军学校中国班学习。同年12月加入中国共产党。1925年9月回到广州后，参与组建

⑰蔡和森：《党的机会主义史》，《中共党史报告选编》，中共中央党校出版社1982年版，第119页。

中华全国农民协会临时执行委员会成立启事

以共产党员为骨干的第四军独立团，任团长。叶挺独立团，成为中国共产党掌握的一支骨干力量，与此同时，也成为各实力派嫉视的对象。

外在的压力，叶挺不会畏惧。后来在囚禁中，叶挺这样回忆他的思想历程：

幼年甚爱读前后《出师表》、《正气歌》、《苏武致李陵书》、秋瑾及赵声等诗，感动至雪（血）涕，造成一个悲剧角色的性格。十三岁时，曾手抄邹容的《革命先锋》（《革命军》）、陈天华的《猛回头》、汪精卫的《革命绝不致召瓜分论》及《民报》等书，养成一种对社会的反抗性格……一次纠合乡中数同学实行破除迷信，将乡中所有土地神（约七八个）香炉均打破。致动全体农民之怒，集学校兴问罪之师，勒令赔回香炉。诸同学均照办，我独不从，遭吾父痛打一顿了事。又八九岁时就学私塾，塾师严酷无比，屡挞我，我必暗中报复。为其煮饭时私混沙于米中，或摘空心菜时私入苍蝇于孔内。我幼年性格倔强，一直至成人没有改变。吾妻常对我叹说："江山易改，本性难移，尔真真不能改变一点吗？"⑱

叶挺是一个具有英雄性格的雄杰，他有着大开大阖、独当一面的帅才，只是在现代中国这样一个越来越强调组织、配合的社会环境里，他的性格却成了酿就悲剧的导因，英雄的名字却没有造就出不世的业绩。

叶挺的妻子李秀文很希望他改变一点，但是他何尝不知道，这是一个不可能的奢望。就像结婚这么多年，叶挺对她的感情没有任何改变一样，叶挺是一个有坚持的人，也是一个念旧的人。

叶挺念旧、重感情，张发奎也深知这位老朋友的脾性。当李宗仁劝告张发奎要提防叶挺时，张立即以叶挺的念旧相对，张发奎对叶挺的人格有充分的信任。

一个能够信任别人的人，这个人是不是也值得信任呢？

张发奎大概是值得信任的。当 1922 年陈炯明在广州反叛孙中山时，张发奎作为孙中山大元帅府警卫团营长，正驻韶关，陈炯明派其老师致函劝降，张慨然回复："生投笔从戎，束发受书，师恩难忘，但忠臣不事二主，烈女不嫁二夫，言犹在耳，岂能忘心，恕难从命。"随后即率部入山，据以相抗，为时半年，获得"大王"绰号。这段经历在革命党人中传为佳话。

⑱叶挺：《囚语》，《光明日报》，1996 年 4 月 9 日。

孙中山大元帅府警卫团营长叶挺、张发奎、薛岳

张发奎　　　薛岳　　　叶挺

我们还不妨看看张发奎晚年对抗战时期一段遭遇的辛酸回忆：

> 逃避战祸的难民络绎不绝的向后方逃亡……痛哭、惨叫、离散和人世间一切的悲哀景象，活生生的映入我的眼帘，使我坐在车中如看一部悲剧电影，一幕一幕的过去。在一处凄凉的弯曲路上，一团蠕蠕欲动的黑影绊住了我的汽车，俄而发出了"妈妈"的叫声，我叫司机紧急刹车。当我下车来查的时候，原来是一个被母亲遗弃下的约三四岁的女孩，她不知道她的家乡和姓名，她只知道不见了母亲。战争的灾难，波及了这个无知的小孩，而她的父母家人竟为了逃生而忍痛抛弃了她亲爱的女儿。一个战争失败者的罪过，使我感受异常的痛楚。我把这个女孩带回交与我的妻子抚养，并即取名"怀远"以纪念我在怀远心情的创伤。但不幸在数月后，这个怀远的小生命与那个怀远的清风明月都一样消逝了。[19]

多年后，张发奎对这段往事仍沉痛于心，这种对民瘼的关切，显示他确实是一个有良心的将领。

事实上，北伐时期，张发奎就治军綦严，他的部队有四大禁令：不嫖娼、不赌博、不抽大烟、不开小差，三大公开：财政公开、赏罚公开、用人公开。二次北伐攻打河南临颍时，前线缺粮，官兵喝粥已有两天，张发奎豪气十足，下令将军部所存米粮全部造饭，待官兵饱餐后全力攻城，结果士气大振，终于攻下临颍。应该说，第四军"铁军"称号的确不是凭空得来。

苏联方面看到了这些，他们给了张发奎相当的重视。1927 年 6 月，联共（布）会议决定致电中共中央和鲍罗廷、罗易，建议他们要以伤亡减员为借口将张发奎的部队"作

---

[19]《张发奎回忆录选译》，《近代史资料》第 107 辑，中国社会科学出版社 2003 年版。

欢迎铁军（套色木刻）

为比较可靠的部队调作武汉的后备队，赶紧补充工人和农民，或把他们作为主要支柱留在武汉，或令其向南京蒋介石的后方推进，或利用他们去解放广州"。[20] 显然，张发奎被苏共中央当作武汉政府的亲兵加以使用。张发奎也投桃报李，时人回忆："张发奎将军由汪精卫宣布'国共和平分家'后，不但不将我们党的同志清除，反而收容被国民党驱逐出来的同志……我想起在武汉时流行的那一段传说：蒋介石屠杀共产党，朱培德遣送共产党，张发奎收容共产党。"[21]

1927年9月，南昌起义已经尘埃落定后，苏联红军参谋部侦察局专门召开会议对南昌起义展开检讨。会议记录中一开始就引人注目地谈到了张发奎。记录清楚显示，在苏联顾问的心目中，蒋介石—唐生智—张发奎，这是一个苏联人实际给予支持的顺位。之所以在蒋介石、唐生智之后选择支持张发奎，是因为苏联顾问判断：唐生智"不是中国革命运动能与之很长时间同行、在政治上可以接受的人物"，在新形势下"培养一个更加革命和更加活跃的人物"以取代唐生智成为当务之急。张发奎年轻、有实力，而且他主动向苏联靠拢，当属理想人选。

根据苏联顾问的解释，张发奎向苏联靠拢，是因为：

每一个清醒的中国将领现在都清楚，蒋介石是由俄国共产党人提拔起来的……我为什么不试一试呢。何况他了解得很清楚，共产党纪律严明，并拥有共产党员军官。如果命令他们去为某个将领打仗，他们就会老老实实地去打。

不能说苏联顾问的观察没有切中要害，利益取向的确是影响军事实力派立场的一个最重要的因素，不过他们的说法未免过高估计了苏联的影响力。另外，不能否认，张发奎思想中确实有着左倾情绪，其实只要看一下警卫团三位营长叶挺、张发奎、薛岳的政治倾向，就可以知道张发奎当时的态度并非没有根由，毕竟中国的军人并不在任何时候都唯利是图。以张发奎为例，虽然他日后没有成为中国共产党的同路人，但在漫长的内战岁月中，他却是国民党将领中很少的没有和中共在战场上刀枪相见者。

苏联顾问的评论，无意中流露出的是施与者的心态，他们自己也许不知道，这会在接受者心目中留下怎样的滋味，这种高高在上的优越感，一定会付出代价。

1927年7月，武汉政局波诡云谲，暗藏杀机。

[20]《联共（布）中央政治局紧急会议第108号（特字第86号）记录》，《联共（布）、共产国际与中国国民革命运动（1926—1927）》（下），第307页。
[21]《龚楚将军回忆录》上，香港明报月刊社1978年版，第75页。

武汉国民政府主席汪精卫，仪态潇洒，风度翩翩，能文善道，素有政坛美男之称。当年他北上行刺摄政王载沣，被捕后狱中口占一绝：

衔石成痴绝，沧波万里愁；孤飞终不倦，羞逐海鸥浮。
姹紫嫣红色，从知渲染难；他时好花发，认取血痕斑。
慷慨歌燕市，从容做楚囚；引刀成一快，不负少年头。
留得心魂在，残躯付劫灰；青燐光不灭，夜夜照燕台。

"引刀成一快，不负少年头"。快意恩仇、豪侠肝胆，足成千古绝唱。

中山舰事件后，汪精卫遭受蒋介石打击，自感衔冤含屈，飘然远引，虽然有不负责任之嫌，却也切合汪的个性。1926年底开始，国内发起迎汪运动，欲以党权抑制军权的膨胀，汪精卫颇有痛出一口气之感。在千呼万唤之中，施施然游历欧陆，兴尽后才踏上回国的轮船。抵达上海时，恰逢宁汉分裂，汪与蒋介石周旋数日后，即乘轮西上，站到武汉一方，放言："革命的站过来，不革命的走开去。"

但是，汪精卫的左派高调并没有持续多久，张国焘观察：

武汉的左派政权，本极脆弱；作为左派领袖的汪精卫，更是一直动摇不定的。他反对蒋介石的军人独裁，也畏惧中共的革命锋芒。他愿遵守孙先生的遗教，但自欧游归来以后，似又觉得苏联在国际上的势力，究竟脆弱，不足以凭借取胜。他也许对鲍罗廷和中共在"三二〇"事变中，没有坚决支持他一事未能忘怀。他的这些心境虽未向我透露过，但我的同志中确有人是如此推测的。[22]

随着武汉形势日渐恶化，汪精卫与共产党人开始渐行渐远。虽然6月27日，汪精卫在与共产国际代表罗易的谈话中还在给罗易希望，声称："我主张去广东。我们在武汉这个地方犹如在一个被敌人包围的小岛上。"[23] 表示希望在广东重新展开革命。也许是这个表态让苏联人看到了一根救命稻草，6月30日，中共中央举行扩大会议，根据苏联顾问的意图通过《国共两党关系决议案》。承认汪精卫等控制的国民党"当然处于国民革命之领导地位"，表示"现在参加政府工作之共产党分子，为图减少政局之纠纷，可以请假"，"工农等民众团体均应受国民党之领导与监督"，"工农武装均应服从政府之管理与训练"。希望以全面的让步继续拉住汪精卫。

苏联方面也积极动作，力图从经济上拉住武汉政府。6月23日，联共（布）中央政

---

[22]张国焘：《我的回忆》第2册，现代史料编刊社1980年版，第237页。
[23]《罗易同汪精卫的谈话记录》，《联共（布）、共产国际与中国国民革命运动（1926—1927）》下，第368页。

治局决定"再给武汉政府拨款200万卢布"。㉔ 不过，此时武汉方面是狮子大张口，要求1500万卢布。面对武汉方面带有要挟性质的要求，素以铁腕著称的斯大林也不得不痛苦忍让，6月24日，他在黑海休假地索契致函莫洛托夫，表示：

关于中国问题，我想现在就可从1000万项目下汇出300—400万，但1500万的问题暂缓。他们还要求我们提供1500万。看来，如果我们不提供这1500万，就拒绝立即反对蒋介石。㉕

此时，正像苏共中央政治局告诉加伦的："我们不怜惜钱。"中国国民革命能否坚持，无论是对苏联还是对斯大林本身，都具有十分重要的战略意义。

但是，汪精卫并不领情，或者说，他认为已经无法领情，武汉方面的分共行动继续在紧锣密鼓进行。7月5日，汉口《民国日报》发表汪精卫《党与民众运动》一文，公开指责"民众运动不复受党的政府之领导"。不轻出恶言的汪精卫作出这样的指责，表明他已准备和共产党人撕破脸皮。

7月12日，见事态已无可挽回，根据共产国际指示，中共中央改组，由张国焘、李维汉、周恩来、李立三、张太雷组成临时中央常务委员会，陈独秀停职。13日，中国共产党中央委员会发表对政局宣言，严正警告："当反动分子以公开的反叛行动集合他们的力量时，国民党和国民政府倘不果决地领导劳苦群众向反革命势力作殊死的革命战斗，则一切反革命势力得有更多机会放胆集合发展其势力向革命进攻，革命前途将陷于危险！"宣言批评"国民党的许多领袖消极动摇犹豫得不堪言状"，㉖ 为此宣布撤回参加国民

武汉国民政府主席汪精卫

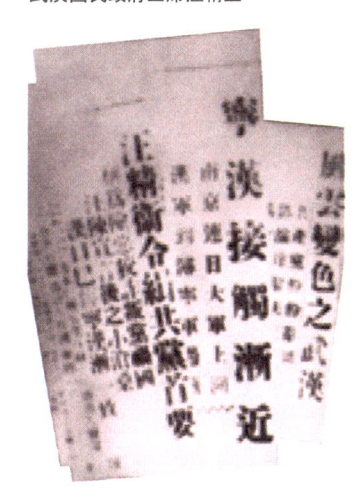

汪精卫发动七一五反革命政变，决定同共产党决裂

㉔《联共（布）中央政治局秘密会议第112号（特字第90号）记录》，《联共（布）、共产国际与中国国民革命运动（1926—1927）》下，第345页。
㉕《斯大林给莫洛托夫的信》，《联共（布）、共产国际与中国国民革命运动（1926—1927）》下，第352页。
㉖《中国共产党中央委员会对政局宣言》，《中共中央文件选集》第3册，中共中央党校出版社1989年版，第183页。

武汉国民政府下令东征讨蒋的报道

政府的共产党员，并声明中国共产党将继续支持反帝反封建的革命斗争，愿意同国民党革命分子继续合作。

14日，武汉国民党中央秘密召开分共会议，讨论分共计划。15日，汪精卫召开"分共"会议，决定同共产党决裂。中共中央7月24日发出的通告揭示出武汉方面"分共"计划四点内容：一月内召集第四次中央全体会议，解决 C. P. 问题；在未开会以前对于有违反国民党主义及政策，加以严厉处罚；派代表到南京商议合作办法；对于工农团体及共产党员之自由，用训令加以保护。

当所有的幻想都彻底破灭时，中国共产党反而放下了包袱，他们没有因此而惊慌失措，放手一搏的情绪迅速发酵。临时负责中央工作的张国焘回忆当时情景时，对日后中国共产党内最有影响的两个领导人的表现记忆犹新：

毛泽东当时表现了他的奋斗精神，自动选择回湖南去，担负领导农民武装的任务。我们原分配他到四川去，这是为了他的安全着想，亦由于四川也是大有可为的地方，尤其是关于农运的发动。他这个湖南的"共产要犯"却要冒险到湖南去，不甘心让他所领导起来的农运就此完蛋。我们当时很高兴地接受了他这个到湖南去的要求。这也许就是他后来被逼上井冈山的起点了。

周恩来是一个不多发表议论而孜孜不倦的努力工作者。他很镇静的夜以继日地处理纷繁的事务，任劳任怨，不惹是非。所有同志们的疏散工作，多半由他经手。他之获得一般同志的敬重，地位的日益重要，也是从此开始的。㉗

逆境最能考验一个党、一个人的素质，看到他们这时候的表现，你不能不叹服，成功者自有其成功的道理。

当武汉国民党中央和国民政府决定分共时，其"东征讨蒋"计划也同时提上日程。此时开始东征讨蒋，汪精卫有其如意算盘。一则表示分共不动摇其反蒋立场；二则希望通过东进为武汉打开一条出路；三来还有万一东进不成，顺道由江西南下广东为自己谋求退路的想法。正因此，武汉的分共没有把与苏联合作的路完全堵绝，对共产党只分不杀，此即所谓和平分共。不具备军事实力的汪精卫深知自己没有多少和人较量的资本，将来在武汉能否站住脚尚在未定之天，至时依张发奎回粤，乃至争取苏联支持，重效孙中山联俄故事是他为自己留下的一条后路。

武汉最大的军事实力派唐生智也要东征。唐对下游的江、浙财源十分垂涎，认为只有东下驱蒋，占据江浙，才能"找出一条财政上的出路"。㉘ 他向部将李品仙等透露东征计划："乘张、孙联军南下之际，以第三十五及第三十六两军东下相机攻取南京，以第八军留守武汉及肃清第二军残余部队，巩固两湖后方。将来以芸樵部驻守安徽、巩固江左，联络第三军任江右防守，翠微与铁夫两部随我到南京，建都后整理一个时期再行北伐。"㉙ 显然，唐生智对南京的这个"京"字很有兴趣，准备在这里建都，分封诸侯。

不过，汪、唐虽雄心勃勃，欲图取蒋而代之，但关键时刻，却并无一赌输赢的决心。汪精卫手无寸铁，唐生智则把张发奎等推上东征第一线，自己想乘乱取巧。在汉方各系军头各怀心机的情况下，东征也只是雷声大，雨点小。

汪精卫、唐生智都没有想到的是，他们把张发奎推上东征前线，却为中国共产党发动南昌起义提供了契机。

7月5日，东进前锋张发奎就任第二方面军总指挥。第二方面军下辖3个军：第四军、第十一军、第二十军。根据张发奎本人回忆，序列如下：

总指挥　张发奎

㉗张国焘：《我的回忆》第2册，第270页。
㉘《唐生智在总指挥部总理纪念周演说》，汉口《民国日报》，1927年6月22日。
㉙《李品仙回忆录》，台北中外图书出版社1975年版，第92页。云樵、翠微、铁夫分别为何键、叶琪、刘兴的字。

参谋长　谢婴白

秘书长　　高语罕

政治部主任　郭沫若（兼党代表）

第四军军长　黄琪翔

参谋长　叶剑英

第十二师师长　缪培南

第二十五师师长　李汉魂

第二十一师师长　富双英

第十一军军长　朱晖日

参谋长　吴　涵

第十师师长　蔡廷锴

第二十四师师长　叶　挺

第二十六师师长　许志锐

第二十军军长　贺　龙

11日，叶挺的第十一军二十四师作为"东征讨蒋"部队的前锋，向九江开拔，蔡廷锴的第十师，归叶挺指挥跟进，随后贺龙的第二十军、黄琪翔的第四军也陆续向九江开拔。

第二方面军二十军军长贺龙

此时，共产党人和苏联顾问正在加紧运动张发奎，希望他继续擎起革命的大旗。6月下旬，武汉政府最坚定的国民党左派邓演达和苏联顾问铁罗尼访问张发奎。邓演达和张发奎同是客家人，1916年又和张发奎、李汉魂等一同考入保定军校第6期，并同在邓铿的粤军第一师从戎，当时粤军第一师人才济济，集结了李济深、陈可钰、李章达、邓演达、叶挺、陈铭枢、陈济棠、蒋光鼐、蔡廷锴、薛岳、余汉谋等一大批后来叱咤风云的军政人物，可谓极一时之选，张发奎、邓演达、叶挺等尤其意趣相投，结成生死之交。

邓演达此时来访，却不是叙旧，而是要为张发奎指点未来。张氏后来回忆，邓演达告诉他："汪精卫的政治生命已经完结，您不应该听他的。唐生智政治上也死了。您应该带领第四、第十一、第二十军回到后方广东，重建革命基地，一切从头做起。"

张发奎当时的回答是："汪精卫的政治生命

第二方面军第四军军长黄琪翔

还没有终结，他只是有点病。只要他还有一口气，我们就要请医生救他。"㉚ 张发奎虽然没有同意抛弃汪精卫，但他多少留下了活口，也就是说，如果汪精卫已经不能挽救了，张发奎会不会另起炉灶呢？

作为死马当活马医的没有办法的办法，苏联方面宁愿对张发奎保持期待。汪精卫分共后，新组成的中共中央临时政治局常务委员会部署党组织迅速转入地下，把中央机关经九江撤退上海，同时，决定组织中共在国民革命军中的一部分力量，联合第二方面军总指挥张发奎，开回广东，"号召农民暴动实现土地革命，建立新的革命根据地"。为此，中共中央特派中央常委李立三与秘书长邓中夏去九江，做部队移师广东的准备。

在中共中央召开的党员军事干部会议上，瞿秋白透露了这一假"东征讨蒋"，实"依张回粤"的计划，并要求到会的叶挺等人认真执行。7月16日，中共中央告诉广东省委："四军、十一军或将回粤，现已抵江西。你们要积极破坏广东的财政。如派人挤兑政府银行，及造谣张发奎快到等。并须有政治上军事上种种准备。假使张军来时，即有援助。"㉛仍坚持原先的意图。

但是，在这关键时刻，张发奎依然态度暧昧。一方面，他对东征与蒋介石集团作战并没有足够的信心，相反，南下广东是他很乐意的选择，从河南回到武汉后，他就曾抱怨："我们一直在打仗又打仗，但至今未给我们一个省。"㉜张发奎想要做一个地方王，两湖没有希望，江西是朱培德的，东下那是火中取栗，只有广东看上去还有些希望。其实，汪精卫在和罗易谈话时就曾明确提到："我们应当进行战斗并推翻李济琛。"㉝可见，南下是汪精卫和张发奎早有的腹案。不过，此时共产党人已不再将汪精卫看作可能的合作对象，张发奎必须在共产党和汪精卫之间作出选择，这使张发奎瞻顾徘徊、举棋不定。苏联顾问报告："首先，张发奎声称，没有汪精卫他不去。接着，张发奎在决定与武汉政府决裂的时间时表现得极其慎重……他提出了以下方案：我们将秘密地到达广东边境。"㉞

对此，张发奎后来的解释是：

我认为，革命完成以前，革命力量不应分裂。但是，如果汪精卫要分共，我支持他，

㉚ 转见杨天石《张发奎谈南昌起义》，《档案与史学》，1995年第2期。
㉛ 转见张月琴《南昌起义史论》，江西人民出版社1986年版，第19页。
㉜《共产国际执行委员会政治书记处会议讨论中国问题速记记录》，《联共（布）、共产v国际与中国国民革命运动（1927—1931）》7，第107页。
㉝《罗易同汪精卫的谈话记录》，《联共（布）、共产国际与中国国民革命运动（1926—1927）》下，第368页。
㉞《工农红军参谋部第四局关于南昌起义会议速记记录》，《联共（布）、共产国际与中国国民革命运动（1927—1931）》7，第38页。

邓演达（中）与苏联顾问铁罗尼（左）及郭沫若（右）

因为他对这一问题比我有更清楚的了解。我以前已经说过，军人被告知，服从是他的天职。这可能很危险。年轻的军人易于被引入歧途。在这种情况下，我没有认真地考虑，哪种政策是正确的。因为汪精卫认为这是正确的，我也就这样想。在宁汉分裂中我绝对支持他的立场，我对于军事的兴趣高于政治。㉟

显然，张发奎在关键时刻不想在汪精卫之外独树一帜，正如他后来回忆抗战时所坦白的："如果汪精卫不投敌叛变，我会继续追随他的。"他在政治上不想离开汪精卫，也没有与共产党继续合作的决心。在和共产党保持接触的同时，面对武汉方面要他表态的压力，他要求部队中的共产党员要正式声明退出共产党，同时，高级军官中的共产党员必须离开。即使是对多年的老友叶挺，他的态度也很坚定："我们彼此间极好。我想，我可以将他争取过来。最坏，我想他可以离开我的部队。"

要么靠拢，要么离开，张发奎口头上的友情这时显得是多么虚弱，但这又怎能责怪张发奎呢，比起蒋介石一干人，张发奎真算得上客气了。毕竟，四周环绕的都是反共的军事力量：蒋介石、唐生智、李济深……就连精神导师汪精卫也和共产党分道扬镳。两个军的实力、31 岁的年龄，张发奎扛不起这样的重压，也不愿作出这样的牺牲。

㉟转见杨天石《张发奎谈南昌起义》，《档案与史学》，1995 年第 2 期。

叶、贺部队乘船到达九江的登岸地点——怡和码头

叶、贺部队乘坐"汪平"号从武汉向九江进发

依靠张发奎无望,共产党人提出了一个大胆的设想,按照苏联顾问的说法,就是"7月下半月,提出了采取更激进的办法来同右派作斗争的问题"。[36]

至此,我们终于隐隐闻到了远远飘过来的硝烟气息。

波光潋滟的百花洲东湖

[36]《工农红军参谋部第四局关于南昌起义会议速记记录》,《联共(布)、共产国际与中国国民革命运动(1927—1931)》7,第39页。

03 走向新生

1927年7月20日，九江。

鸦片战争以后，号称日不落的老牌帝国英国在中国一共设立了7个租界，其中2个在内地，分别是长江边上的汉口和九江。

年初，汉口和九江分别被收回。现在，林伯渠的胞弟林祖烈担任着国民政府外交部驻九江外交专员兼九江海关监督，在他安排、协调下，一个攸关中国共产党日后命运的会议就在这里举行。

九江英租界海关靠近长江。从海关大楼望出去，远远地可以看到长江。此时，正当酷暑，谭平山、李立三、邓中夏、聂荣臻、叶挺五人，顶着赣鄱盆地有名的火炉，聚在这里商讨下一步的行动方向。3个月后，中共中央临时常务委员会五常委之一李立三在给中共中央的报告中，回忆了当时讨论形成的共识：

军事上，四军、十一军已向南昌移动，驻扎于马回岭、涂家埠一带，二十军已渐次集中九江，朱培德之三军移驻樟树，九军移驻临川。程潜之六军经江西之铜鼓、萍乡分道向南昌集中，有包围我军之形势。在政治上武汉政府已完全反动，唐生智正在积极屠杀我党，压迫工农群众。汪精卫已完全投降于唐，张发奎态度虽仍表示反唐，却已深受汪之影响，高唱拥汪，并表示对我不满，有"在第二方面之高级军官中的共产党分子如叶挺等须退出军队或脱离共产党"之表示。军事上已到了极严重之时期，而张尚徘徊于武汉，则张之不可靠，更可证明。[①]

在此形势下，中共中央原定的"依张回粤"计划执行起来有相当难度，相反中共中央曾经提到的民众暴动却具有更多的必要和可能，李立三写道：

张发奎态度之犹豫与右倾，那么依靠张为领袖之回粤运动，很少成功之可能，甚至为三、六、九军所包围而完全消灭。纵然回粤成功，我们亦必在张、汪协谋之中而牺牲，将与我们回粤去号召农民运动，实现土地革命，建立新的革命根据地之

① 《李立三报告》，南昌八一纪念馆编《南昌起义》，中共党史资料出版社1987年版，第82页。引用时参照了有关内部资料。

九江英租界

英国驻九江领事馆

英国在九江的巡捕房

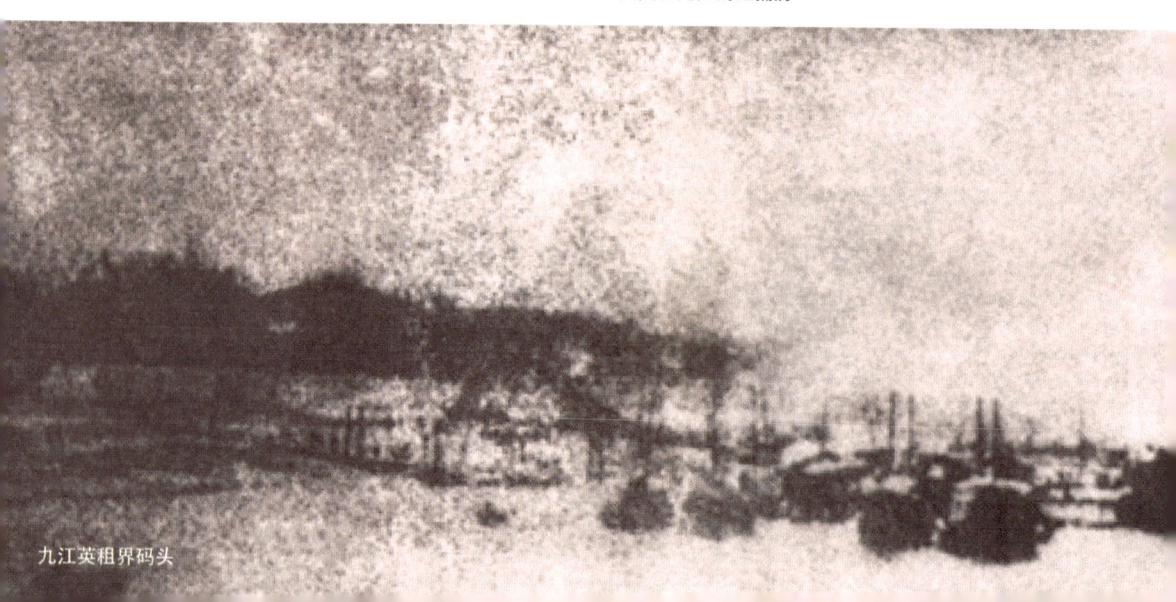

九江英租界码头

汉口《民国日报》关于收回九江英租界的报道

李立三在《"八一"革命之经过教训》中首次提出"在南昌举行暴动"的建议

目的完全相反。所以我们应该抛弃依张之政策，而决定一独立的军事行动，逼迫张、朱与我们一致。因此，决定在军事上赶快集中南昌，运动二十军与我们一致，实行在南昌暴动，解决三、六、九军在南昌之武装。②

这次谈话会第一次明确提出了南昌起义问题。对于中共党人来说，胸臆间一股不平气，无论如何，他们都觉得要干一下，至于干的结果如何，却并没有多少把握，所以当时还是计划先独立干起来，生米煮成熟饭后，再逼迫张、朱下锅。

发动南昌起义，叶挺的部队是基干，他的态度至为重要。在危机面前，叶挺没有含糊，挺身而出，表达了支持暴动的立场。对此，苏联顾问的评价虽然和流行的说法有些距离，但不失为全面、准确认识叶挺的一个途径：

叶挺属于共产党中的右派，这不是什么秘密。这一点连国民党都知道……但另一方面，叶挺毫不动摇地根据中央的命令站出来反对张发奎，他本来和张发奎关系很好，是同学，在军队里一起呆了15年，但他还是毫不动摇地站出来反对他。我可以大胆地说，那里的共产党员军人在党的方面是很守纪律的。③

不过，面对张发奎的庞大军队，仅仅依靠叶挺的一个师，加上其他部队的零星队伍，发动起义的力量确实太过单薄。因此，李立三、叶挺报告中不约而同提到的第二十军，就是能否壮大起义力量，保证起义顺利发动的关键。第二十军即贺龙部，

② 《李立三报告》，南昌八一纪念馆编《南昌起义》，第82页。
③ 《工农红军参谋部第四局关于南昌起义会议速记记录》，《联共（布）、共产国际与中国国民革命运动（1927—1931）》7，中央文献出版社2002年版，第68—69页。

叶挺第十一军第二十四师在九江的驻地——现九江二中

此时正向九江开进中，叶挺谈到：会议的参加者"多主张令我即刻联合贺龙的军队，向武汉政府示威，做一个革命的许克祥"。④

叶挺是共产党员，共产党人对他的期望应属顺理成章，贺龙此时还没有参加共产党，为什么却也会成为中共领导注目的焦点，这位民军出身的将领凭什么被中共党人期许成"革命的许克祥"。

还是来看看苏联顾问对他的描绘，毕竟，第三只眼睛可能会看得更清楚一些："贺龙是个精力充沛、英勇果敢的小伙子，不但他本人，他的部队也这样。他可以抛弃自己的部队，让他去做无谓的牺牲。不是任何一个中国将领都能让自己的部队去做无谓的牺牲的。所以，我认为，如果我们从政治上把他加以改造，他是可以造就成一名优秀的指挥官的。"⑤

另外一个苏联顾问对贺龙坦直的性格留下了深刻的印象：

在军事方面，他从小就是个真正的打手，非常勇敢，属指挥官类型。意志坚强，英勇果敢，奋不顾身，与冯玉祥明显不同。我们总倾向于把每个中国将领看作是把

---

④叶挺：《南昌暴动至潮汕的失败》，南昌八一纪念馆编《南昌起义》，第139页。
⑤《工农红军参谋部第四局关于南昌起义会议速记记录》，《联共（布）、共产国际与中国国民革命运动（1927—1931）》7，第42页。

自己的思想深藏在自己的肚子里的外交家、政治家。实际上对于贺龙来说则很难这样说。从我们的角度看，这是一个优点。由于性情暴躁，他的情绪很容易表现在行动上。即使不是像他喜欢的那样迅猛发作，他也会立即作出反应。

所以应当认为，他同共产党的合作是十分真诚的。⑥

当然，中国共产党不是一个轻率的政党，他们不会仅仅因为一个人的出身、性格就轻易寄予重任。七一五分共前后贺龙的一系列表现，让中共从他身上看到了希望：

6月28日，贺龙甫回武汉，就拜访共产党员林伯渠。

7月初，周恩来与贺龙见面。

7月8日，贺龙亲自布置，派船送全国总工会执行委员刘少奇离开武汉。

中旬，贺龙接受周逸群转达的中共中央军委建议，把鄂城、大冶各地武装工人纠察队秘密编入第二十军教导团，其中有许多共产党员，贺龙吸收他们进入军部特务营，并任为副连长、排长。

17日，在军部召开连以上军官大会，表示坚决跟着共产党革命到底。随后又发表讲话强调：蒋介石叛变了革命，今后还会有人要叛变的，可是你们不用怕他们。他们不是三头六臂，和我们一样，也是一个头，两条手臂，没有什么了不起。只要我们大家团结一致，全力以赴，就可以把蒋介石打倒。

在中国共产党处于低潮的背景下，这样明确的选边站，凸显了贺龙的性格，但不是仅仅有性格就可以做得出来的，用贺龙自己的话来说，就是：我认定中国共产党是最好的，我服从共产党的领导，只要共产党相信我，我就别无所求了。

当时在贺龙第二十军任党代表的共产党员周逸群对此有切身的体会，他报告："二十军在大冶，它的全体军官十分动摇。所幸军官们的封建意识非常浓厚，从师指挥官以下都把贺龙像神一样地崇拜，所以我们只要用贺龙所赞成的和他的讲话来做宣传材料。"⑦

贺龙第二十军党代表周逸群

---

⑥《工农红军参谋部第四局关于南昌起义会议速记记录》，《联共（布）、共产国际与中国国民革命运动（1927—1931）》7，第49页。

⑦《周逸群报告》，油印本。

庐山牯岭街市

共产党相信贺龙，事实证明，他们没有看错。

九江谈话会后，7月21日，李立三、邓中夏立即动身赶往庐山，向正在这里的鲍罗廷汇报。和酷热的九江比起来，庐山一片清凉，但由于北伐后沿江一带的战乱，虽值避暑旺季，到处却都空荡荡的，鲍罗廷、瞿秋白、张太雷等成了这里不多的住客。在英国人开的仙岩客寓厨房里，鲍罗廷、瞿秋白、张太雷听取了李立三、邓中夏的汇报，并赞同九江会议在南昌举行起义的建议。瞿秋白决定，亲赴汉口，向中共中央说明起义计划。

22日，瞿秋白把"在浔负责同志之意见"带回武汉，

瞿秋白在庐山的住址仙岩客寓

请中央即速决定。关于这一阶段的决策过程,参与其间的张太雷 2 个多月后有一个说明:"当时秋白把南昌的决定由浔带到汉口,中央已决定对张发奎的态度,如张不与汪精卫联络则到东江之后解决之,否则便在浔解决他。故赞成南昌的决定,并派恩来去主持。同时国际亦决定要干,详细内容我虽不知,但决定要干我是知道的。"⑧

李维汉在《回忆与研究》中记述南昌起义建议的提出经过是:"汪精卫公开叛变后,五人常委派了李立三、邓中夏、谭平山、恽代英等一部分中央负责干部前往九江,准备组织党在北伐军中的部分力量,重返广东,继续革命,反对新老军阀。旋因军事形势变化,敌情紧急,李立三同志等一致向中央建议,在南昌举行起义。并征得当时在庐山休息的瞿秋白同志的同意。"⑨

临时五常委中列名第一的张国焘在 1927 年 11 月 8 日给中共中央的长信中回顾了他在中央对这一经过的了解:

当七月二十日至二十五日之间,中央常委得悉在浔同志主张在南浔一带发动暴动的时候,中央常委及国际代表都表示赞成。为什么要暴动,当时虽没有详细讨论,可是已具体的准备一切暴动的需要……后来决定派恩来同志去为前敌委员会书记,其任务是指导前敌方面工作。准备于必要时,在南浔起义,由赣东入粤,与广东东江农民结合,这是第一段事实。⑩

万事俱备,只欠东风。7 月 23 日,贺龙到达九江,军部驻扎在"塔公祠"(现

中央军事政治学校武汉分校女生队来南昌参加起义,成为人民军队中的第一批女兵

⑧《张太雷报告》,南昌八一纪念馆编《南昌起义》,第 98 页。
⑨李维汉:《回忆与研究》上,中共党史资料出版社 1986 年版,第 162 页。
⑩《张国焘致临时中央政治局并扩大会议的信》,南昌八一纪念馆编《南昌起义》,第 68 页。

柴桑小学）。谭平山立即与贺龙相晤，"介绍各省代表谒贺"。此时贺龙还不是共产党员，但谭平山却坦诚将准备在南昌发动起义的计划相告，双方一拍即合，"又得叶挺出来说硬话，于是贺之主张更为坚决"。⑪

23日晚和24日，李立三、谭平山、邓中夏、恽代英在九江召开第二次会议，具体研究了南昌暴动的计划、政纲、宣言，以及组织与宁、汉国民党中央党部相对抗的中国国民党革命委员会等问题。决定：叶、贺"军队于28日以前集中南昌，28日晚举行暴动，并急电中央征可否"？会议拟订了起义的政治原则："在政治上，决定组织中国国民党革命委员会为集中政权党权军权之最高机关，以反对宁汉政府中央党部，继承国民党正统，没收大地主土地……实行劳动保护为暴动之目的。在这项纲领之下，发表宣言（用国民党中央委员联名名义）。"

关于这一政纲，会议讨论时针对要不要把没收大地主土地列入，发生"很大的争论"："立三、代英主张须提出没收大地主土地的政纲为暴动的目的，因为南昌暴动的主要意义，就是要继续没收土地的斗争，实行土地革命。中夏、平山反对提出没收大地主土地的政纲，谓恐因此惹起反动势力更加联合的攻击和军队内部分化，争论极烈，当日会议无从决定（两方人数一样），只决定报告中央征可否？"⑫

中共中央接到南昌方面报告后十分重视，起义的原则立场和中共中央提出的民众暴动主张是一致的。24日，张国焘、周恩来和苏联顾问在武汉会面，决定在南昌发动起义。根据加伦的提议，规定起义后部队的行动方向：立即南下，占领广东，取得出海口，以获得国际援助，再举行第二次北伐。周恩来在会上要求中央从速决定南昌暴动的名义、政纲和策略，切实计划发动湘鄂赣和广东东江一带工农势力，并要求共产国际经由汕头迅速予以军火和物资接济。中共中央还决定组织党的前敌委员会，指定周恩来、李立三、恽代英、彭湃为委员，周恩来为书记，代表党领导这一次起义。南昌起义的部署正式确定下来。

张国焘在后来的回忆中记下了当时的决策过程：

周恩来因而赞成在南昌由叶挺部等首先发难，联络湘鄂赣一带工农群众，形成反武汉、反南京的中心。他估计南昌为四战之地，不易立足，主张移师广东东江。以广东东江为根据地是周恩来提议中的要点，这一点也是他始终坚持的。他曾在潮汕一带工作过，对那里情况较为熟悉。他认为那里敌军军力较少，海陆丰一带农运又很得力，而且有汕头这个海口，可以与苏俄联络。他要求中央，从速确定南昌暴动的名义、政纲和一些重要策略，特别是获致友军和国民党左派合作的策略，切实计划发动湘鄂赣和广东东江一带工农势力，要求共产国际经由汕头迅速予以军火和

⑪《周逸群报告》，南昌八一纪念馆编《南昌起义》，第120页。
⑫《李立三报告》，南昌八一纪念馆编《南昌起义》，第89页。

周恩来 　　　　李立三 　　　　恽代英 　　　　彭湃

中共中央南昌暴动前敌委员会书记周恩来，委员李立三、恽代英、彭湃

物资的接济等等。所有这些，似都是争取胜利的必要条件，在周恩来看来，尤以莫斯科的接济最为重要。

　　时机紧迫，不能多作讨论；我们两人因以中常委名义决定周恩来迅速赶往九江、南昌，组织一个前敌委员会。⑬

　　当中共方面紧锣密鼓、积极策划起义时，张发奎也根据汪精卫的意见计划召开庐山会议，邀请包括贺龙、叶挺在内的九江地区国民革命军各总指挥、各军师长到达庐山，既开会又避暑；黄琪翔并传达张友奎的命令，要贺龙的二十军集中德安。会议日期预定在29日，研究东征讨蒋、军队动向和准备在第二方面军中"分共"。

　　新任第四军军长黄琪翔被苏联顾问称许为"张发奎的助手，是个杰出的年轻将领，

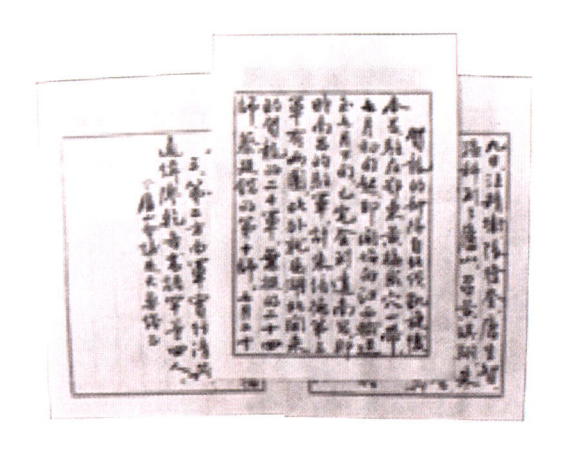

庐山会议是火药线（载1927年《晨报》）

⑬张国焘：《我的回忆》第2册，第271页。

对苏联和共产党有一定的好感,他在自己军队里容留共产党员比谁都久。共产党员在他的军队里担任许多负责的职位";"对国共合作很感兴趣"。

面对革命阵营四分五裂的残酷局面,思想左倾的黄琪翔内心十分痛苦。既不愿追随蒋介石、汪精卫之流反共,又没有勇气跟着共产党,郁郁于怀,无所适从:北伐至此,最觉痛心,拟将第四军所有枪炮抛沉大江中,军中所存款项,平分全军作路费还家,做个真的解甲归田。

德安火车站

和黄琪翔相比,第四军参谋长叶剑英走得更远一些,7月中旬,他刚刚秘密加入中国共产党。叶剑英,1920年毕业于云南讲武学校,当时云南讲武堂的教育长是王柏龄。1924年黄埔军校创办,王柏龄作为主要筹办人和军校教授部主任,将高足叶剑英召至麾下,任教授部副主任兼兵器课程教官。正因为有这种关系,加上叶剑英过人的才智,蒋介石一度对之十分赏识,希望收为己用。但逐渐认清蒋介石真正面目的叶剑英不为所动,与当年的恩师、校长逐渐走上了分离的不归路。1980年,在给中共中央组织部关于入党问题的复信中,叶剑英回忆:

我是1924年提出要求入党的,没有被批准。那时我在蒋介石手下的教导团当团长,

九江火车站

九江甘棠湖·烟水亭

有人说是蒋介石嫡系部队的团长，这没有说错。从 1927 年就反对蒋介石，经过这个考验，决心就定了，所以 1927 年 7 月正式参加了党。当时也不是对共产主义完全理解了，只觉得国民党不行，享乐腐化，必然失败。⑭

已经加入中共的叶剑英和思想偏左的黄琪翔在时局的看法上，自然有一致的地方，虽谈不上心心相印，却也心照不宣。也许无心，或许有意，和张发奎关系密切、了解内幕的黄琪翔向叶剑英透露，庐山会议实际隐藏阴谋，是准备夺贺龙、叶挺的兵权。

叶剑英得悉这一消息后，深感事态严重，立即毫不犹豫地告诉了叶挺。叶挺随即把消息通知了贺龙。

7 月 25 日，贺龙、叶挺、叶剑英等人，在九江市区甘棠湖中一只小船里，以划船游湖为名，商讨应对方针。贺龙回忆，会上决定了三件事情："第一，考虑是否到庐山去，他们问我去不去？我说不去，他们同意了，并说这样很好。第二，张发奎命令队伍集中德安，我们研究不到德安，开牛行车站，到南昌去。第三，决定叶挺的队伍明天开，我的队伍后天开，我的车皮先让给叶挺。"

7 月 26 日，叶挺率领二十四师由九江坐火车向南昌开拔，27 日，贺龙率领的二十军也乘火车到达南昌，做起义前的准备工作。

至此，军队已处于待命状态。

中央会议结束后，周恩来奉命于 7 月 25 日到九江，同行的还有陈赓。抵达九江后，周恩来立即向李立三、谭平山、邓中夏、恽代英等人传达中央的决定。李立三等人也报告了第二次九江会议的情况和准备工作，周恩来表示"形势既已如是，对在浔同志的意见完全同意"。对第二次九江会议期间讨论土地纲领时所出现的分歧，

⑭ 转见《叶剑英传》，当代中国出版社 1995 年版，第 93—94 页。

九江甘棠湖小船会议（油画）

周恩来提出："应该以土地革命为主要的口号，把没收大地主土地列为政纲。"[15]

7月27日，周恩来从九江秘密来到南昌，住在花园角二号朱德的寓所。几个月前，郭沫若就是在这里写下了脍炙人口的《请看今日之蒋介石》。和周恩来同时来到南昌的还有李立三、刘伯承、彭湃、吴玉章、林伯渠、徐特立等，他们大多住在江西

花园角二号——朱德南昌旧居

江西大旅社——南昌起义总指挥部

[15]《李立三报告》，南昌八一纪念馆编《南昌起义》，第83页。

大旅社，这是一栋四层的长方形大楼，在当时的南昌可以算得上招牌性建筑。当天，周恩来来到这里，正式主持成立中共前敌委员会。根据中共中央决定，前敌委员会由周恩来、李立三、恽代英、彭湃四人组成，负责指挥前敌一切事宜。张国焘、谭平山两人以后也参加前委的会议，但不是前委委员。由于时间仓促，军事准备来不及，前委把起义的时间推迟到30日晚举行。

28日，周恩来亲往第二十军指挥部会见贺龙，就起义问题征求意见。贺龙话说得很直截：我完全听共产党的话，要我怎样干，我就怎样干。

周恩来当即代表前委任命贺龙为起义军总指挥。

正当江西前方全力以赴准备起义时，从遥远的莫斯科却吹过来一阵冷风。

7月26日上午，邓中夏从九江返回武汉，向中共中央领导汇报整个南昌起义的计划；同时，中共中央收到共产国际关于南昌起义的电报指示。中央委员会于26日下午4时在汉口一所住宅里又一次秘密举行会议，参加的有张国焘、瞿秋白、李维汉、张太雷，共产国际代表罗明那兹和另一少共国际代表、俄顾问加伦等。

这次会议的情况，不同的参加者有不同的解释，关键的证人又没有留下任何证言。苏联方面两位参加者都早早死去。罗明那兹1935年开全苏冶金工业先进生产者代表大会时，"斯大林从罗明那兹身边走过时不和他打招呼……罗明那兹回家后马上就接到一个命令，让他立即到车里雅宾斯克去"，途中意外死亡。加伦回国后1935年成为苏联第一批五大元帅之一，1938年11月以间谍罪被秘密处死。

中方的参加者有截然不同的两种解释。1927年10月，张太雷曾严厉批评张国焘错误传达中央命令，阻挠南昌起义，对此，张国焘致函瞿秋白主持的中共中央作出申述，11月30日，中共中央在复信中称：

事实的经过是——国际上电报说："如毫无胜利的机会，则可不举行南昌暴动。"这无异乎是说："除非毫无胜利机会，否则南昌暴动是应举行的。"中央常委讨论这一问题，大家认为即在汉口亦可见着必有胜利机会，故派国焘同志去前敌，以坚决前敌同志之发动。⑯

从复信看，瞿秋白、张太雷在这一问题上站在了一起。中方另一位参加者李维汉多年后曾谈到此事，可惜他是根据有关记载写的，会议当时的具体情况则"记不得了"。

⑯《中共中央复张国焘的信》，南昌八一纪念馆编《南昌起义》，第67页。

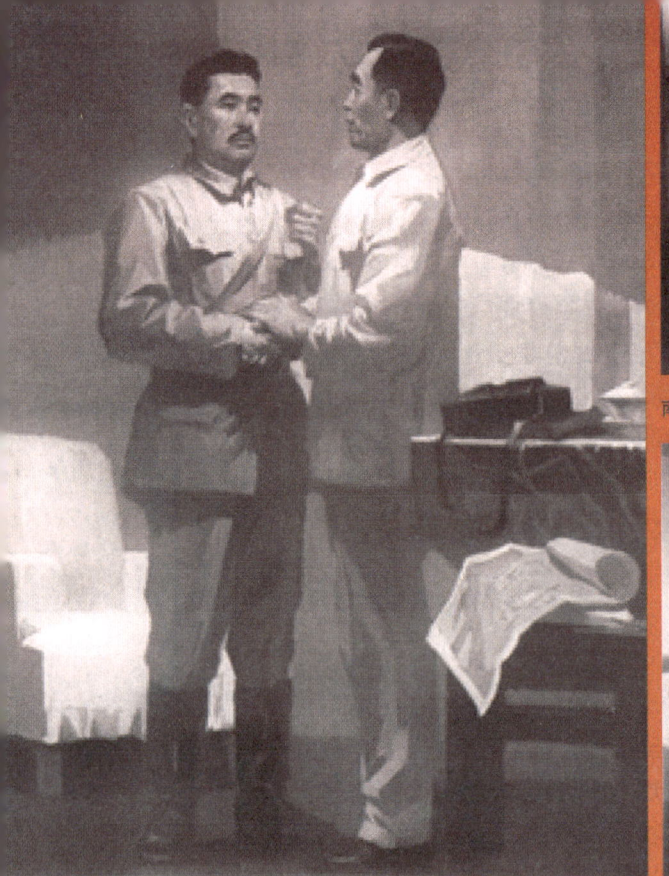

南昌起义总指挥部会议大厅,前委扩大会议在此举行

江西大旅社内周恩来房间

周恩来就起义问题向贺龙征求意见(油画)

前委扩大会议(油画)

瞿秋白中央的复信是否符合事实难以定夺，但其把国际所说"如毫无胜利的机会，则可不举行南昌暴动"，等同于"除非毫无胜利机会，否则南昌暴动是应举行的"，显然有和尚念经的味道。如果收到电报当时，罗明那兹、张国焘、瞿秋白一干人胆敢如此曲解最高领导机关的意思，追究起来，大概没有人担得起这样的责任。之所以几个月后要这样说，关键是因为苏联方面在南昌起义后马上表现出积极支持的态度，斯大林在反驳托洛茨基的指责时就明确把南昌起义归功于共产国际的指导："叶挺和贺龙的军队从武汉出发，向广东挺进，同农民革命运动结合等等。我想说，整个这个事件都是根据共产国际的倡导发动的，而且只是根据它的倡导。"⑰ 既然苏联方面有这样的意思，此时在语法上下些功夫虽然不合情理但却是斯大林等人愿意看到的。

张国焘关于事件当时的记载是最详尽的。根据张的说法，会议开始，加伦首先谈了他与张发奎会谈的情况。作为优秀的军事指挥员，加伦在中国军官中享有良好声誉，建立了很好的个人感情："如果蒋介石需征求意见或为其他事来找勃柳赫尔，他总是坐在凳子的边上并将手放在膝盖上，以示尊敬。"会前，他仍未放弃争取张发奎的努力，与张讨论回粤问题，并取得张发奎不再东进，准备回粤的共识。加伦在会上提出，张发奎如能同意回师广东，并且不再强迫叶挺退出共产党，就可以和张发奎一同行动。作为军事专家，他进一步从军事角度阐述了依张回粤和在南昌发动起义的利弊：如果与张发奎同返广东，在军事上极为有利，如果在南昌起义，参加起义的兵力不过5000—8000人，在敌军优势兵力阻击之下，很难打回广东。如张发奎不同意上述两个条件，再发动南昌起义也不迟。

随后，罗明那兹在会上表示，目前没有经费可供南昌暴动使用，同时传达25日联共（布）中央政治局关于南昌起义计划的复电内容：

"如果有成功的把握，我们认为你们的计划是可行的。否则，我们认为更合适的是让共产党人辞去相应的军事工作并利用他们来做政治工作。我们认为乌拉尔斯基和我们其他著名的合法军事工作人员参加是不能容许的。"⑱

这封电报的落款是"最高领导机关"。

或许是一系列的挫折让苏联方面感到了些许难堪，也许对起义没有把握，但又不想承担责任，这封电报少有的没有命令的口吻，而是使用了外交式的辞令。但参

---

⑰《斯大林在共产国际执行委员会和监察委员会联席会议上的讲话》，《联共（布）、共产国际与中国国民革命运动（1927—1931）》7，第92页。

⑱《联共（布）中央政治局会议第119号（特字第97号）记录》，《联共（布）、共产国际与中国国民革命运动（1927—1931）》7，第17页。

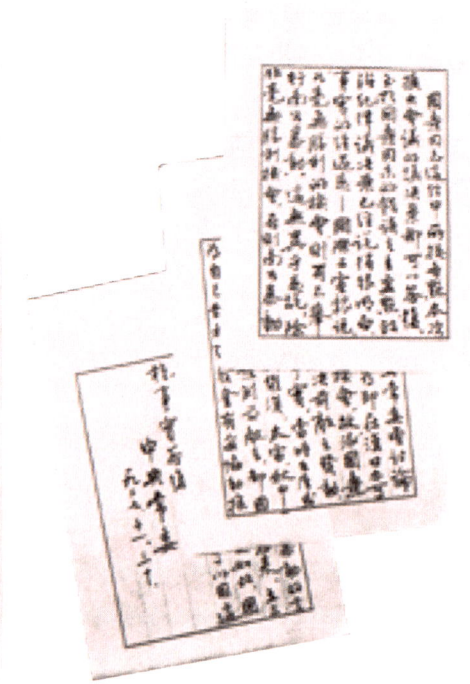

李立三报告中"关于前委扩大会议争论"一节摘录　　　　中共中央复张国焘的信

加会议的人员理解一致，这实际是一封不完全同意起义的电文，因为没有任何人可以保证起义一定会成功，不允许苏联顾问乌拉尔斯基（即加伦）参加起义的表态和关于共产党人从事政治工作的建议，更含蓄表达了对起义的怀疑立场。

在联共（布）中央政治局的指示面前，刚刚于 7 月 23 日秘密抵达武汉，对中国实情还缺乏充分了解的罗明那兹，除了执行几乎没有商讨的余地。他进一步强调，国际电令不能用信件通知在前线的同志们，只有派一位得力同志去当面告知。

作为与会的当时中共中央主要领导人，张国焘后来回忆，他此时进退两难，心情复杂。对于要起而反击国民党右派的挑衅，张国焘并无异议，据罗易报告，早在 1927 年 5 月 27 日中共中央政治局会议上，针对武汉政权向右转的倾向，张国焘就在大家意见不一、莫衷一是的情况下，一力主张展开反击，采取进攻行动。但此时他却有些患得患失，一方面觉得"当初周恩来等人提出暴动时，我并没有明确反对，现在叫我去劝说周恩来、谭平山他们停止行动，实在是不合适的"；另一方面对在南昌发动暴动的前景，又不看好，认为"南昌暴动没有成功的希望"，"共产国际显然欲置身事外，不仅要俄顾问们勿卷入漩涡，而且不肯暗中在经济上有任何支持，这就使南昌暴动陷入绝境"。权衡再三后，他折中地安慰自己："加伦将军的提议是行得通的，也只有照加伦的提议做，才能多方面关顾到。"所以决心代表武汉方面到南昌走一趟。

27日晨，张国焘到达九江，随即把尚未离开九江的恽代英、贺昌、高语罕、廖乾吾、夏曦等人召集起来，传达26日中央会议意见，对南昌起义计划提出质疑，要到会人员讨论表态。据张国焘报告，九江方面参会人员意见惊人一致："贺、高、廖都说再无讨论之余地，代英更说，还有什么讨论，已经决定了。我说：为什么不可以讨论？他说：为什么要等你来。我说：这是中央派我来的意思，而且告诉你们国际来电的消息。代英说：现在还管他中央不中央，国际不国际。"[19]

九江讨论无法达到贯彻武汉意图的目标，张国焘不得不前往南昌实地作说服工作。29日，张国焘连续向南昌前委发两密电，谓暴动宜慎重，无论如何候他到再决定。30日晨，张国焘等抵达南昌后，立即与周恩来、李立三、彭湃、恽代英、谭平山、叶挺、周逸群等会商。会议一开始张详细报告了26日中央会议情形，并要求了解南昌的情况。据李立三报告，张国焘在会上强调："中央意见宜慎重，国际电报如有成功把握，可举行暴动，否则不可动，将在军队中的同志退出，派到各地农民中去。所以目前形势，应极力拉拢张发奎，得到张之同意，否则不可动。"[20]

从李立三的报告看，张国焘的确准确表达了共产国际电报的精神，比之瞿秋白中央不无武断的曲解更具可信性。有理由认为，张国焘传达的武汉会议精神，应该是当时的真实内容，虽然这可能已经是一个永远无法最后定论的问题。

张国焘不一定是假传圣旨，但他的立场却和南昌的现实存在距离，此时南昌已是箭在弦上，他传达的意见势必引起激烈反弹，李立三激动地质问张国焘："一切都准备好了，为什么我们现在还需要重新讨论？"谭平山则把怒火发泄到张国焘头上，大骂他"混蛋"！强调："假使这次我们军中的同志还不能够干，那就以前一切军事工作都不能算是我们党的军事工作。"只有叶挺从军事角度表示："分化能推迟一点也好。"[21]

作为前敌委员会书记，周恩来坚定主张发动起义。刚刚从24日的中央会议上领命前来发动，转眼却又要求停止，这样的落差令周恩来难以忍受。几个月来，面对局势的剧变，有些人灰心、失望，有些人则骂娘、发泄，而周恩来忙得几乎没有抱

[19]《张国焘致临时中央政治局并扩大会议的信》，南昌八一纪念馆编《南昌起义》，第71页。
[20]《李立三报告》，南昌八一纪念馆编《南昌起义》，第84页。
[21]《张国焘致临时中央政治局并扩大会议的信》，南昌八一纪念馆编《南昌起义》，第72页。

坚持武装起义的周恩来（油画）

怨的时间。但是，忍看朋辈成新鬼，内心之煎熬、苦痛岂可车载斗量。何况，早在近一年前，周恩来就已经感觉到："过去同国民党的关系是亲密的，而现在即使我们全心全意地对待他们，他们也怕我们。也不存在左派这个特殊的派别，只有一些头面人物。"[22] 此时，终于眼看就可以大干一番，一抒胸臆，却又被要求把吐到喉端的怨气压回胸中，周恩来眼睛都红了。

这个意思与中央派我来时的想法不相吻合，针对张国焘传达的意见，素来温和的周恩来强硬坚持。当张国焘还在那里喋喋不休地说着中央、国际时，周恩来突然忍无可忍，双眼喷火，攥紧拳头猛敲桌面，愤怒地吼道：如果我们此时不行动，我只有辞职，也不再出席今天的特别委员会会议。

周恩来的愤怒不仅让张国焘，几乎使所有的与会者都感到意外，因为这显然不是他们印象中礼貌周到、埋头工作的周恩来。确实，对于周恩来说，这样的举动实在太罕见了，20多年后，当谈起这一段历史时，他承认，这是平生仅有的一次。

[22]《共产国际执行委员会远东局使团关于对广州政治关系和党派关系调查结果的报告》，《联共（布）、共产国际与中国国民革命运动（1926—1927）》上，第455页。

虽然周恩来的怒火当时是冲着张国焘来的，但谁都知道，这实际上是积累了几个月的压抑情绪的总爆发。早在四一二后，周恩来就明确表示了对中共中央的不满："中央政策动摇，指导无方，……对于争领导权没有决心。"㉓

周恩来的态度虽然让张国焘震撼，但张国焘既有国际意见护身，又自恃党内资格深久，没有轻易低头，仍然坚持：国际意见，希望大家认真考虑，力争张发奎的加入。由于张国焘的身份、代表意见的来头，虽然会上他几乎被众人反对意见淹没，但张不首肯，起义计划仍难以定局。

有许多事，台面上不好解决，下面的说服有时反而更容易起到作用。会后，跟张国焘熟识、同为临时中央五常委之一的李立三等向张做工作，详细向他分析了起义势在必行的形势，张国焘回忆："立三告我贺龙等如何赞成干，及种种准备情形。"

此时，形势的发展也证明，张发奎已越来越向与共产党人相左的方向迈进，而贺龙既非张发奎嫡系部队，又有明显的与张发奎离心倾向，如果停止起义，处境也将十分难堪。周逸群1927年10月给中共中央的报告提到：

贺龙本来不愿与张发奎结成联盟，因为他的意图是取蒋而代之。他有一次对我们说："我们要联张，就不要起义；要起义，就不要联张；他是不愿做我们现在要做的这些事的。"这时，张发奎一次次来电催贺、叶到庐山开军事会议，他们都不敢去，一再受逼。突然，张来电声称将于八月一日到南昌，于是，人人担忧，遂决定采取行动（七月三十一日下午在军部第一次作出决定）。㉔

周逸群当时参与机要，对贺龙的处境有深切的体会，这段报告又写于起义后的

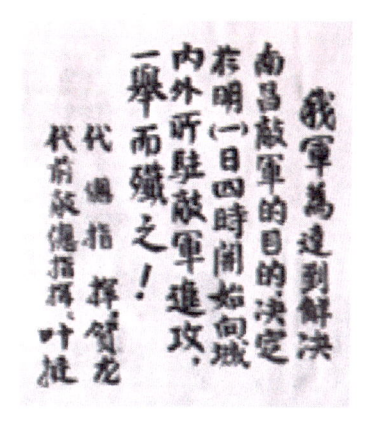

起义作战命令

起义总指挥部的座钟，时针指向凌晨2时

㉓ 周恩来：《对中央的错误应有根本解决的办法》（1927年4月18日），《党的文献》1997年第4期。
㉔ 《周逸群报告》，南昌八一纪念馆编《南昌起义》，第120页。

九江甘棠湖·烟水亭

2个月，他的记载是值得重视的。当然，反映着当时共产党人的年轻，他们还不能准确对待、评价自己的同路人，因此对尚非共产党员的贺龙心理的揣测，不免有些出入。这些，和苏联方面的看法当然也有相当关系，有共产国际顾问明确声称："不仅需要把贺龙看作是追逐功名的军阀……我认为叶挺也应归入这类军阀，而不归入共产党人。当然，如果把胜利的希望建筑在对这些人的政治信任上，那是可笑的。"[25]

形势逼人。在南昌诸人说服下，加上在南昌实地对情况的了解，张国焘的态度逐渐发生变化，终于表示：鉴于南昌的实际情况，暴动计划不能改变，个人同意举行暴动，作为中央常委和周恩来负责向中央和国际说明。

31日，南昌诸人达成一致，决定起义在8月1日凌晨4时举行。后因二十军一个副营长叛变，前敌委员会当机立断，把起义提前2小时发动。周恩来起草起义命令，以第二方面军代总指挥贺龙的名义发出：我军为达到解决南昌敌人的目的，决定于明日2时开始向城内外所驻敌军进攻，一举而歼之。

当南昌方面紧锣密鼓地部署南昌起义时，汪精卫、张发奎对形势的发展当然也心中有数。事实上，此时国共两党刚刚分开，相互间还有着千丝万缕的关系，当时

[25] 《工农红军参谋部第四局关于南昌起义会议速记记录》，《联共（布）、共产国际与中国国民革命运动（1927—1931）》7，第53页。

共产党人保密意识也没有后来那样浓厚，消息传出去实属必然。连和汉方分裂的宁方都听到了一些风声。7月27日，宁方李宗仁、白崇禧、李济深等联名致电张发奎："近闻兄处军队且被伪命移动，有所窥伺，岂两湖赤祸犹未足，而转欲施诸两粤耶？"汪精卫后来在武汉国民党中央的报告中说得很明确："当时是因为知道了四军、十一军、二十军内部起了纠纷，同时张发奎总指挥请求中央派人去训话，庶便纠纷平息。"[26]

为应付江西方面越来越严重的形势，7月29日上午，汪精卫偕孙科、张发奎以避暑为名，由汉抵达九江。午后上庐山，随即召开四军、十一军、二十军师长以上军官会议，第四军军长黄琪翔、二十五师师长李汉魂、第十一军军长朱晖日、第五方面军总指挥朱培德、第三军军长王均、第九军军长兼九江卫戍司令金汉鼎等参加会议。会议决定：严令贺龙、叶挺限期将军队撤回九江；封闭九江市党部、九江书店、九江《国民新闻》报馆，并逮捕其负责人；第二方面军实行"清共"，通缉在第二方面军任职的共产党员恽代英、廖乾吾、高语罕等人。会后，汪精卫等迭次下令催促第二方面军各部队立即"清共"，严令贺、叶将部队立即撤回九江。叶剑英在庐山会议上得悉内情，立即派人下山通报给了廖乾吾。廖及时转告恽代英、高语罕等。

此时，恽代英、高语罕、廖乾吾等都住在甘棠湖烟水亭中，这里是四军军部所在地，军长黄琪翔在九江时就住在烟水亭中间。甘棠湖面积约80公顷，水源由庐山泉水汇入而成。东汉末年，东吴名将周瑜曾在此演练水师。唐诗人白居易为江州司马时，建亭于湖心，以《琵琶行》中"别时茫茫江浸月"之句名浸月亭。北宋周敦颐之子在甘棠湖堤上建楼筑亭，取"山头水色薄笼烟"之意，而名烟水亭。两亭俱在明嘉靖前废毁，明末于浸月亭废址重建，将已废烟水亭之名移此，称以至今。

说到甘棠湖中"甘棠"一词的来历，还要回溯到遥远的西周时期。当时，召伯和周公一起辅佐年幼的成王。经常风尘仆仆，巡行乡邑。为不扰民，时常露宿野外，

住在第四军军部所在地烟水亭中的共产党员恽代英、廖乾吾

恽代英　　　　　廖乾吾

[26] 汪精卫：《关于南昌事变》，南昌八一纪念馆编《南昌起义》，第503页。

办案就在乡邑边一棵甘棠树下。召伯去世后，人们见甘棠如见召伯，甘棠成为公正清廉官员的代名词。

20世纪20年代的中国，历经战乱的百姓多么希望能够得到这样的甘棠，可惜，湖水清清，世乱方殷。

立誓做事的恽代英等当然知道这些典故，更明白百姓的期盼。他和廖乾吾几个人住在烟水亭右边的几间房子里："其实右边一埭是烟水亭中最好的地方，这里有一座小小的亭子，一个稍种花木的院子，两间很宽敞的屋。"正是在这里，酝酿了南昌起义的许多主意，也接收到叶剑英传来的重要讯息。

这一段经历，当事者之一、时任第二方面军总指挥部秘书长的高语罕1927年10月向中共中央的报告中有过说明：

时任设在南昌讲武堂的国民革命军官教育团团长、南昌市公安局局长的朱德

我自从由武汉到九江以后，先住在叶挺同志的师部里，后来二十四师开南昌，我又搬在第四军军部。第四军参谋长叶剑英对我表示得非常好，确实他在黄琪翔面前也屡次怂恿一阵回粤，当时我还不敢相信。后来张发奎、汪精卫、孙科等要到九江了……赶到庐山，开秘密会议，叶剑英亦被邀。第二天叶剑英回来带了一封信给乾吾。

叶剑英在信中提醒："老张靠不住了，他说真是逼得没法，我只好投降右派。"此所谓"老张"，就是张发奎。信中还告知："他们已决定解决叶、贺。"

当天晚上，高语罕、廖乾吾与在浔的中共领导人商量，决定脱离第二方面军，于30日赴南昌参加起义。叶剑英也找到他们话别，高语罕写道：

叶剑英又诚恳地对我说，我打算离开他们，到莫斯科去，并且到那儿去加入CP，他们是没有希望的了，你们究竟有什么办法没有？我因此事关系太大，又与叶无深切的认识，不敢孟浪以告我们的计划……劝他暂留九江，以冀补救于万一。我和廖同志告诉他我们要到南昌去的话，他便说："你们走的也好，因为庐山会议对你俩已经有了问题。并且说我和希夷约的有密码，如何行动，望电告我。"[27]

31日，起义爆发当晚，高语罕、廖乾吾等赶到南昌。

[27]《高语罕给中共中央的报告》，南昌八一纪念馆编《南昌起义》，第128页。

南昌酝酿着一场大风暴。

客观地说，南昌起义初期阶段，朱德并不是这场风暴的中心人物。

朱德，老家四川仪陇，此时在南昌却算是半个地头蛇。

从 1909 年到昆明考进云南陆军讲武堂起，朱德在云南生活了十几年。先后担任过滇军旅长、云南陆军宪兵司令部司令官、云南省警务处长兼省会警察厅长等职，在云南上层有深厚的人脉，与朱培德、王均、金汉鼎等都是云南讲武堂的同学。

从军数十载，朱德官至云南陆军宪兵司令官、省会警察厅长，握有一方生杀大权，但心中郁结，并不少纾，其时心境，有诗为证：

频年征战苦催人，一着征袍困此身。
戎马仓皇滇蜀道，风烟迷漫永泸城。
羁縻一水销豪气，转战孤城负好春。
几度慰忠亭下望，国民水火泪沾巾。

民国时代，现在我们知道的那些名人大都能作文赋诗，质朴如朱德者，吟诵成章，却也意味深长。频年征战，换来了功名利禄，却不能救民于水火，这对于立志救国救民的朱德不能没有挫折感。正是基于这样的思想背景，在军阀相互倾轧下遭遇困境后，朱德痛下决心，戒除鸦片，寻找新生。在欧洲，朱德遇到了一生的战友周恩来，在他介绍下，加入中国共产党，由此开始其政治新生命。

出身云南的朱培德掌控江西政局后，朱德根据中国共产党的指示，于 1927 年 1 月赴南昌，在讲武堂创办国民革命军第三军军官教育团，任团长，以"要为人民服务"六个字，作为军官教育团的基本训练宗旨。朱德在南昌，和他一贯的作风一样："平时只穿套粗布军服，裹副粗布绑腿，穿一双旧皮鞋，有时还穿草鞋……上班总是夹个皮包走路，很少坐黄包车。他的住房只有简朴的床铺和一张旧方桌，几张木凳子，简单得像个旅店。他常因开会或工作忙，便买个烧饼充饥。"[28]

江西省政府主席朱培德

粟裕回忆，他在南昌起义时第一次见到朱德，当时的朱德"蓄着长长的胡须，态度和蔼而慈祥"。[29]

3 月 5 日在军官团补行的开学典礼上，正在准备与苏联和中共方面划清界限的蒋

[28] 杨先培：《朱总司令和军官教育团》，《南昌起义资料》，人民出版社 1979 年版，第 261 页。
[29] 《粟裕战争回忆录》，解放军出版社 1988 年版，第 29 页。

介石也莅临发表演说，声称：

> 总理在世，一切由总理作主，现在总理已经过世，中正肩上的担子加重了……我们要做总理的信徒，总理在世，我们一切信赖总理，现在总理不在世了，我们必须选择一个作为我们信赖的中心……总理在世，一切服从总理，现在总理已去世，我们作为一个革命军人，就必须有一个服从的中心。

朱德在随后的演说中针锋相对，表示："旧军阀要打倒，新军阀同样也应打倒……我们必须警惕任何形式的新军阀在我们革命阵营中产生……我们要反掉任何跋扈、专横的独裁与篡国窃权的阴谋，才能完成我们的革命任务，才能彻底实现革命。"[30]

周恩来、朱德秘密策划南昌起义（油画）

从这一刻开始，这两个一生的敌人就开始了他们最初的较量。虽然，这时他们的地位是如此悬殊，一个是国民革命军总司令，一个还只是普通的军官。

4月，朱培德就任江西省政府主席，随即任命朱德兼任南昌市公安局局长。

说到朱德的公安局长一职，这其中还有一段公案。他接任公安局长后，很快到抚州参加剿匪，公安局长一职交给也是共产党员的教育团参谋长杨达代理。6月，因朱培德在江西"清共"，朱德一度被"礼送"离南昌赴武汉。杨达公安局长一职也随即交卸。所以，南昌起义时，南昌公安局局长并不是由共产党员担任。起义后，革命委员会任命彭干臣为南昌市公安局局长兼卫戍司令。彭是黄埔军校一期生，1923年加入中国共产党，1925年与朱德同在莫斯科东方大学军事班学习。回国后曾代叶挺任武昌卫戍司令。1927年3月，参加周恩来领导的上海第三次工人武装起义。杨达1927年被杀，彭干臣1935年牺牲，他们的名字后来渐渐被人们淡忘了。

历史不会忘记一切曾经在这块土地上付出过汗水的人们，但大多数人确实更喜欢去关注大人物。

---

[30] 赵镕：《朱德元帅革命事迹回忆片段》，转见金冲及主编《朱德传》，中央文献出版社、人民出版社1993年版，第74页。

朱德在南昌起义时还不是什么大人物。快人快语的陈毅在朱德成为解放军"一哥"后仍然说出了大实话："朱德同志在南昌暴动的时候，地位并不重要，也没人听他的话，大家只不过尊重他是个老同志罢了。"[31]

7月13日，当汪精卫摩拳擦掌准备在武汉分共时，朱德参加了周恩来召集的秘密军事会议。会上，朱德提出可以在江西发展革命军事力量，号召大家到江西去。考虑到朱德在江西的关系，7月中旬，当中共军政力量纷纷抵达江西时，朱德也奉令返赣，于7月21日抵达南昌。

朱德由此因缘际会参加了南昌起义。

当时也许谁也不会想到，这位貌不起眼其实并不很老的"老同志"（当时只有41岁），会最终改变这场起义的命运。

---

[31] 陈毅：《关于八一南昌起义》，《近代史研究》1981年第2期。

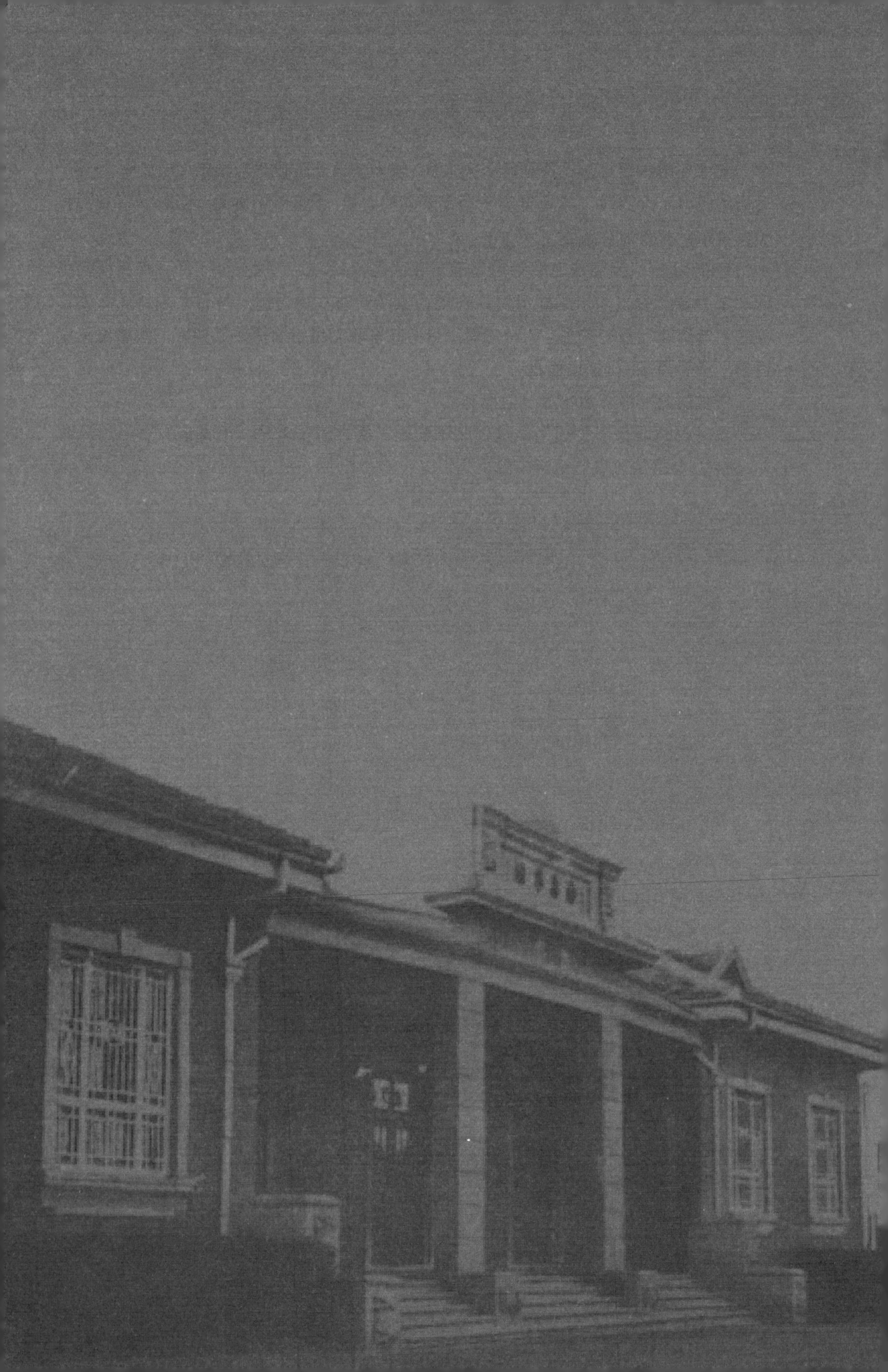

04 南昌暴动

7月31日,南昌起义的准备工作进入到最后阶段。

前敌委员会书记周恩来、总指挥贺龙、前敌总指挥叶挺、参谋长刘伯承等参与了起义全程的指挥,周恩来照例是夜以继日地为起义作准备,担任警卫的粟裕回忆:"在南昌江西大旅社担任警卫任务期间,我经常见到恩来同志出出进进,他对我们警卫队的同志非常亲切,每次走过哨位,总要和战士打招呼,这和当时有的领导人对下级军官和士兵动辄训斥形成了鲜明的对照。我们见到恩来同志总是不知疲倦地工作着,他那间办公室的灯光总是亮到深夜,甚至到天明。"[1] 贺龙的指挥部设在朱培德总部和省政府附近的中华圣公会内,叶挺的指挥部扎在心远大学里。心远大学职员后来回忆当时的叶挺:

个子高高的,非常英俊,穿着一身灰色军服,下面打着绑腿,身上挂着一支短枪,后面跟着二个警卫员,同叶挺将军同来的还有一位参谋。第二次见到叶挺将军是他从楼上下来,到院子里前后观察了一遍。这二次的见面,使我对叶将军有深深的印象,他的眼睛炯炯发光,形态威武,一看就知道是一个能干的将军。[2]

说起心远大学,不妨说一说在南昌颇为知名的南昌月池熊家,以及心远的创办人熊育钖。上世纪初,熊育钖与其堂弟熊元锷和新建人夏敬观等在南昌城内兴办乐群英文学堂,此即心远中学的前身。当年心远中学与天津南开中学、湖南明德学堂并称为全国三大私立新校。此后,熊育钖利用熊氏家族的教育基金,先后与人合作创办了心远小学、心远中学和心远大学。心远的桃李后来芬芳全国,月池熊家也成为远近闻名的人才家族。

起义的指挥部设在传播文化文明的地方,战争和大学联系在一起,这多少看起来有点不协调,不过想想人类走过的这几千年文明史,最让人们铭记的,恰恰就是代表文明两极的战争与文化。

8月1日凌晨,期待已久的起义枪声终于打响。此时,对方在南昌的兵力相当薄弱,朱培德的第五方面军第三军位于樟树、吉安、万安一带,第九军位于进贤、临川一带。第二方面军的其余部队位于九江一带。南昌城内外只有第五方面军警备团,第六军

---

[1]《粟裕战争回忆录》,第28页。
[2] 熊正瑜:《我见到了叶挺将军》,《南昌起义资料》,第274页。

革命：从南昌武装前行
Revolution: From the Nanchang Uprising

贺龙指挥部——设在中华圣公会

叶挺指挥部——设在心远大学

佑民寺——敌弹药库

敌卫戍司令部

水观音亭——起义军机枪火力点

国民党军总指挥部

战斗首先在天主堂一带打响

南昌起义战斗旧址——贡院

一个团及第三、第九军各一部驻守，守军力量相当空虚。起义临爆发前，出现一点小小的意外："贺之第一团赵营副，系滇人，竟于当晚计划告送朱部某团长，又因朱德侦查明了，乃临时改变，提早两小时。至晚十二时半，即发现枪声。"③

根据事先部署，叶挺第二十四师负责攻占天主堂、贡院、新营房等处，占领南昌卫戍司令部及设在佑民寺的修械所和弹药库。贺龙第二十军主要任务是进攻第五方面军总指挥部，解决省政府的守卫部队，并负责警戒昌北水陆交通要道。

战斗首先在天主堂一带打响。匡庐中学、天主堂驻军第六军五十七团察觉起义军的意图，决定先发制人，利用深夜突围。大约8月1日凌晨零时30分，驻军突围行动开始，叶挺二十四师七十一团迎头痛击，双方立即展开火力交锋，驻军由于兵力薄弱，突围受挫，向原驻地步步退缩，经过激烈巷战，被迫缴械投降。

进攻贡院叶挺二十四师七十二团听到枪声后，迅速向贡院发起进攻。驻军王均部第二十三团遭起义部队的突然攻击，惊慌失措，但仍力图反击，先从后门突围，希望冲出包围圈，突围无望后，又分头行动，其一股部队直逼七十二团团部，在此防守的教导队队长陈守礼率学兵奋勇抵抗，中弹身亡。这是南昌起义的牺牲者中，惟一留下姓名的。在援兵协助下，起义军很快将突围的驻军全歼。

起义口号"河山统一"

起义军冲进国民党军总指挥部

起义军教导队队长陈守礼舍身抗顽敌

朱培德第五路军总指挥部设在原藩台衙门，有一个警备团的精锐部队驻守，是起义军面对的最强劲对手。第二十军第一师担负攻击任务，贺龙、刘伯承、周逸群等也亲自坐镇督战。

第一、第二团到达进攻出发位置后，迅速展开，投入战斗，从正面发动强攻。由于守军居高临下，人多枪好，起义军初始进攻遇挫。

贺龙、刘伯承观察形势，迅速调整部署，采取正面压制、两翼迂回的打法，避敌锋锐，腰击对手。

③《周逸群报告——关于南昌起义问题》，《中央通讯》，1927年第7期。

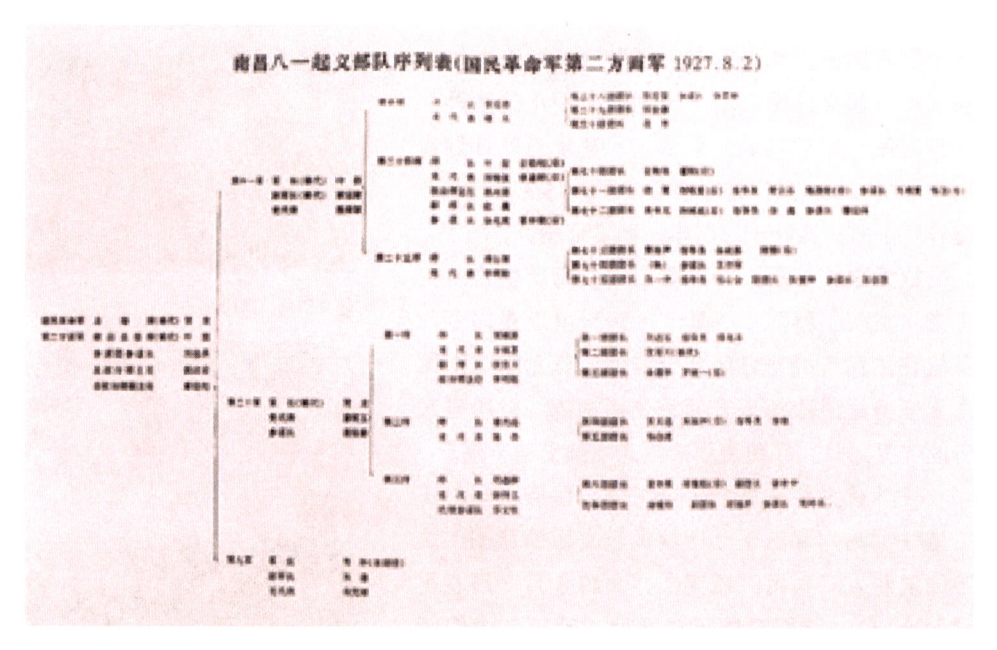

革命：从南昌武装前行
Revolution: From the Nanchang Uprising

南昌起义部队序列表

中国国民党革命委员会组织系统表

中央委员宣言

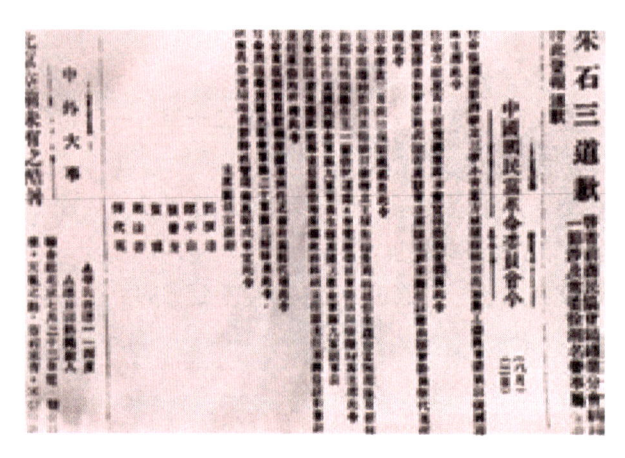

中国国民党革命委员会公布的任职令

南昌起义城区战斗图

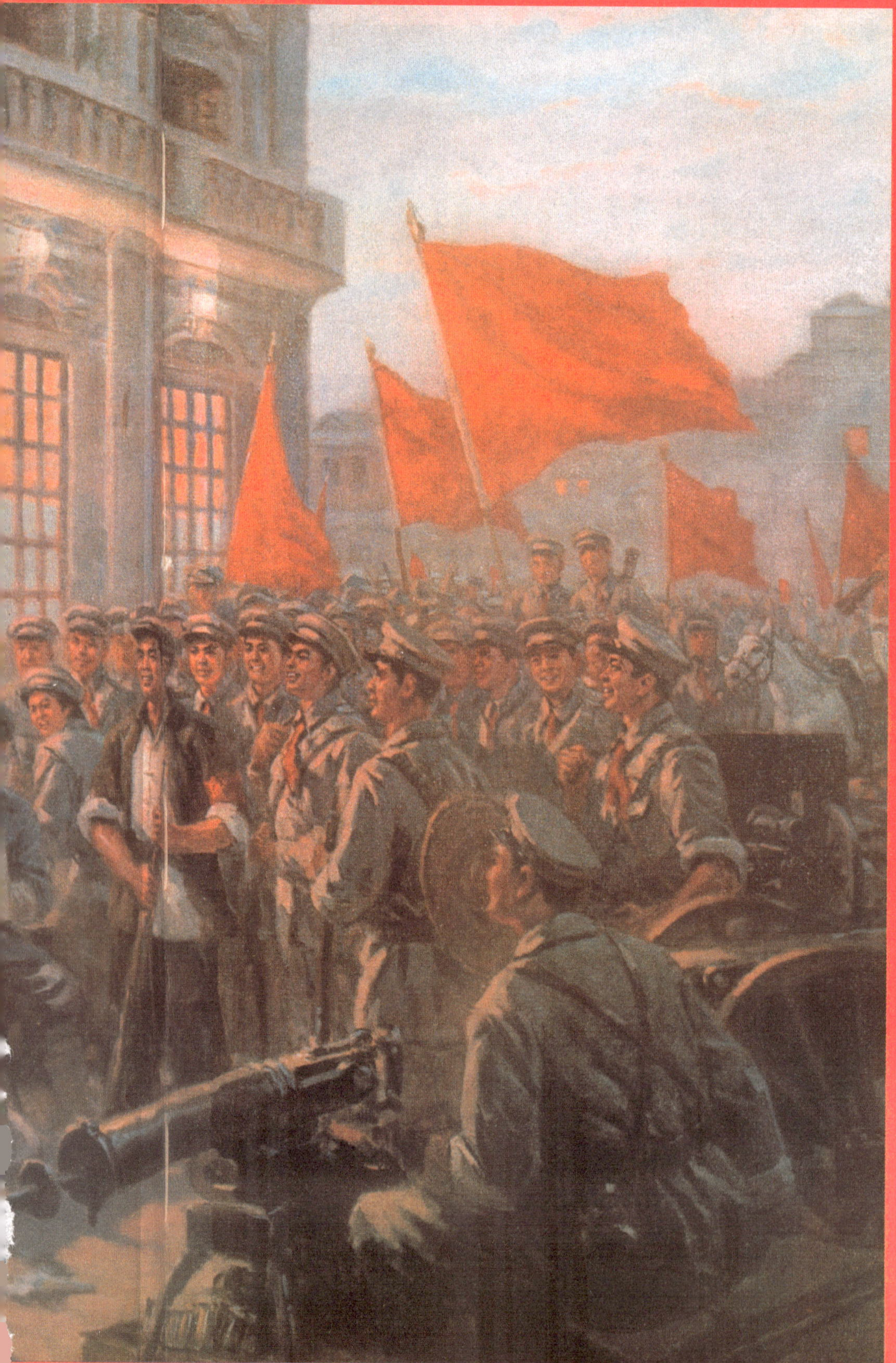

南昌起义（油画）

牛行车站战斗旧址

赣 江

国民党军队总指挥部
清漆台闸门

贺龙指挥部
中华圣公会

总指挥部

水观音亭
起义军城防火力点

佑民寺
国民党军队弹药库

贡院战斗旧址

朱德军官教育团

指挥部

新营房战斗旧址

部署已定，新一轮进攻全面展开。侧翼迂回部队在正面部队牵制帮助下，迅速接近对方阵地，翻墙进院，与守军展开白刃格斗。正面出击的战士，在守军侧翼受到压力，首尾难以两全时，乘机奋勇出击，击溃正面守军。

经过3个多小时的激烈战斗，守军大部分被消灭，其余全部缴械投降。至此，南昌重要据点均落入起义军手中。

在市中心，清剿守军小股部队的战斗也相继结束，整个战斗持续了大约5个小时。8月1日凌晨5点多，驻南昌守军3000多人停止抵抗，起义军完全控制南昌。

策动二十五师参加南昌起义的聂荣臻

由于战斗很快结束，市民的正常生活没有受到很大影响。一大早，市区东湖边上已经出现"三三两两的行人，挑菜叫卖的还是照常一样……经百花洲、磨子巷到洗马池，大街商店照常开门营业"。④

首战告捷的共产党人，于当天上午9时，以国民党中央委员及各省、区、特别市和海外党部代表的名义，召开有共产党人和国民党左派人士参加的联席会议，叶挺报告起义经过，选举产生中国国民党革命委员会。起义者按照中共中央事先的决定，仍使用国民党革命委员会的旗号，参加者也均以国民党的名义，如谭平山、吴玉章、恽代英、林祖涵、高语罕是以国民党中央委员身份参加，李立三以国民党湖北省党部代表身份参加，彭湃、刘伯承、徐特立他们分别以广东、四川、湖南省党部的代表身份参加。该委员会的25名成员中大多是共产党人，另一部分则是不在南昌的国民党左派人士如宋庆龄、邓演达、何香凝等。主席团成员为宋庆龄、邓演达、谭平山、张发奎、贺龙、郭沫若、恽代英，实际主持者为谭平山。张发奎列入主席团成员，是共产党人为将来可能的交涉留下方便之门。

2日，革命委员会任命吴玉章为秘书长，刘伯承为参谋长，贺龙代第二方面军总指挥（仍兼第二十军军长），叶挺代前敌总指挥兼代第十一军军长，朱德为第九军副军长，郭沫若为总政治部主任（未到前由副主任章伯钧代理）。成立财务、宣传、农工、党务四委员会，财务委员会主席林祖涵，宣传委员会主席郭沫若，农工运动委员会主席张国焘，党务委员会主席张曙时。

随后，中国国民党革命委员会的就职典礼在南昌皇殿侧公共体育场举行，"到会群众有农工商学兵各界共数万人，旌旗蔽日，欢声震天，诚南昌前此未有之盛况"。

南昌起义时，闻名全国的火炉南昌正当酷暑时节。中共江西省委组织了"江西民众慰劳前敌革命将士委员会"，各群众团体组织的慰问队，抬着猪肉、西瓜，慰

---

④陈勉哉：《随八一起义军南下略记》，《江西文史资料》第3辑，江西人民出版社1980年版。

革命：从南昌武装前行
Revolution: From the Nanchang Uprising

宋庆龄 　　邓演达 　　谭平山 　　张发奎

贺龙 　　郭沫若　　恽代英

中国国民党革命委员会主席团成员

中国国民党革命委员会成立旧址——原省政府西华厅

二十五师驻扎地——马回岭车站

问起义军。负责到马回岭拉队伍的聂荣臻回忆，当他在起义第二天早上到南昌时，"天气热得很。我买了个大西瓜，一下子就吃了一多半。那时年轻力壮，干劲大，路途的劳累，天气的炎热，一挺就过去了"。⑤

聂荣臻拉来的队伍是二十五师一部。7月下旬，周恩来离开九江前，向聂荣臻、颜昌颐交待，设法把二十五师拉到南昌参加起义，并负责接应到九江的后续部队和零星人员。聂荣臻随即到驻扎在马回岭的第二十五师进行秘密动员。

马回岭位于庐山北麓，在九江县城沙河街镇南约40余华里，自古就是兵家必争之地。三国东吴时周瑜曾在这里练兵，留有点将台、系马桩、唱歌岭等遗址。相传元末明初朱元璋与陈友谅大战鄱阳湖时，陈友谅伏重兵于马回岭东的芦花荡，准备利用此处险峻地势一举歼敌。当陈军引诱朱元璋进至马回岭时，所有的马突然一齐跪下，不肯起身。朱元璋大惑不解，这时，一位白须道人忽然降临，劝朱元璋率部速退10里之外安营扎寨，否则会兵败气伤。朱元璋看看不肯向前一步的马群，只好传令打马回府。朱元璋逃过一劫，并终于击败陈友谅，立马中原，马回岭也即由此得名。

驻马回岭的第二十五师辖七十三、七十四、七十五三个团。七十三团的前身就是叶挺独立团。8月1日，得知南昌开始行动后，"我们先把七十三团拉了出来，叫七十五团跟进……七十四团我们只带出了一个侦察连"。

⑤《聂荣臻回忆录》上，战士出版社1983年版，第65—66页。

当第二十五师正在向南开动时,准备去南昌制止起义的张发奎正好也来到了马回岭,双方不期而遇,一场冲突势不可免,多年后,聂荣臻对当年的场面仍然记忆犹新:

七十五团还没走完,只走了一半的时候,张发奎就乘火车来了……他站在车门口喊:"你们干什么?要停止行动!"我同他之间只隔着一座铁路桥,张发奎的火车停在桥那边,看得清清楚楚,是他……南昌正在行动,不能放他过去。于是,我立刻向跟着我的李排长(名字忘了,也是留法勤工俭学生,曾在苏联学习过)说:"快让他们开车!他不开,就向空中鸣枪。"李排长立即喊着叫他们开车,他们不动,我说:"放!"放了一排枪,张发奎就慌里慌张跳下车跑了。跟他一块跳车的还有李汉魂等几个人。后来,叶剑英同志告诉我,张发奎跳车时,他也在那里。张发奎跑得慌忙,将他的卫队,还有一些东西,都丢在车上了,全部被我们俘获。贺昌同志也在那列车上,车开到德安后,张发奎派了个参谋来,带着他的一封信,要求把他的望远镜还给他。我说,可以。就连他的卫队都放了回去。⑥

张发奎对这一过程也难以忘怀,他回忆:

几个同事军官,三个苏联顾问和他们的翻译,我们乘坐一列机车去德安。当我们停在马回岭时,朱晖日和李汉魂在车站等我。在我准备下车或他们准备上车之际,我听到了两声奇怪的枪响。显然,至少有一个共产党人已经控制了机车,强迫司机开动。我只有十个卫兵,于是我跳车了,有些卫兵也跳车了。我将马回岭交给朱晖日,回到九江。⑦

当年,朱元璋在马回岭回马,如今张发奎也在此停步,不过,朱元璋遇到的是白须道人,张发奎差点碰到的却是聂荣臻的子弹,同样的结局、不一样的际遇,后来的命运却也是千差万别。

在马回岭的西南边,还有一个很有名气的景点,那就是陶渊明墓。多少年前,不为五斗米折腰而回乡隐居的陶渊明,生前最感欣然的是"采菊东篱下,悠然见南山",死后却难得安宁,被迫见证了多少大悲大喜,沧海桑田。

南昌起义爆发后,留在张发奎部队中的共产党人处境凶险,前程未卜。

在得悉南昌暴动的消息后,武汉国民政府迅速发出命令:"凡共产党徒之蛰处

⑥《聂荣臻回忆录》上,第64—65页。
⑦杨天石《张发奎谈南昌起义》,《档案与史学》,1995年第2期。

第二方面军副党代表、总指挥部政治部主任郭沫若

郭沫若笔伐蒋介石的檄文《请看今日之蒋介石》

国民政府领域之内者，务须洗心革面，勉力良善，倘敢心怀不轨仍秘密进行其祸国殃民之伎俩，则国法俱在，一经拿获，即行明正典刑，决不宽恕。"

几十年后，香港寓所，张发奎对美国哥伦比亚东亚研究所口述历史研究人员回忆了起义后他对部队中共产党员的处理过程：

我解散了第二方面军政治部。郭沫若和我有一次谈话。我对他说：共产党人对我们不好，但我们决不对他们做任何不公正的事情。他们应该从我们中间退出。他说：在南昌的共产党采取了错误的行动，要求我让他到南昌去说服他们，停止这场屠杀。虽然我知道事情早已无可挽回，但我仍然表示同意。我告诉他，让他乘坐一辆机车去南昌。

共产党人集中到九江时，我说：愿意去南昌的和郭沫若一起走，不愿去南昌的将被送往上海或他们愿意去的任何地方。发放路费。分共不意味暴力。它意味共产党从政府和军队中退出。我坦率地要求他们当我攻击南昌时站在旁边。唐生智胡乱地屠杀共产党人，我不能。我没有逮捕共产党人。为什么？因为造反的是在南昌的那些人，另外的人不能负责。此外，我永远不相信屠杀能奏效。[8]

[8] 转见杨天石《张发奎谈南昌起义》，《档案与史学》，1995年第2期。

一个人的回忆总会有感情色彩，扬己抑人更是很多回忆录都不能摆脱的通病。晚年的张发奎不失为一个可爱的老人，但也不能完全免于人类自私、自恋的毛病，因此，回忆中难免有些地方不一定完全符合事实。不过，具体到送共产党员去南昌这件事本身，张发奎确实没有说谎。应该说，在内心里，张发奎对这些共产党政工干部有着十分良好的印象，他多年后对此仍念念不忘："共产党的政工人员极为认真而且优秀。他们在宣传里只说我的部队好，就我所知，他们从来没有宣传过共产主义。"

　　擅长文墨的郭沫若对这一段经历有更为详尽、生动的记述。事件发生后，第二方面军副党代表、总指挥部政治部主任郭沫若与张发奎见面，虽然，郭沫若此时还不是共产党员，但他的政治态度人尽皆知，《请看今日之蒋介石》中他痛骂蒋介石："蒋介石已经不是我们国民革命军的总司令，蒋介石是流氓地痞、土豪劣绅、贪官污吏、卖国军阀、所有一切反动派——反革命势力的中心力量了。"这几句话在武汉也算得上家喻户晓。如今，张发奎与郭沫若某种程度上就代表着两种政治力量。

　　张发奎的指挥部是"一间两面临着庭园的楼房"，在郭沫若看来"陈设相当零乱"，或许是军人不注意小节的缘故吧。当郭沫若到达时，张发奎等"才接到八一革命的消息没有好一会，面容都很颓丧而又兴奋"。

　　应该说，见到郭沫若，张发奎的反应尚称冷静。虽然在致汪精卫电中，他坦承，事件使他"精神受刺激过甚，实已心灰"，⑨但并未把这种情绪发泄到郭沫若身上。毕竟，如郭沫若所说："张发奎和我，本来是有些相当的友谊的。北伐期中，我们共同过甘苦，尤其是在河南作战的时候，我以总政治部副主任的资格曾经上前线去慰劳，在新郑我们作过一番深切的谈话。我认为我们那时进河南作战是错误了，应该趁着南京的勾结还未成功之前，先讨蒋而后讨张。他那时很尊重我的意见，说我们是志同道合。"

　　郭沫若下面一段回忆更有意思：

　　在回武汉之后，他升为第四方面军的前敌总指挥，也就邀请我做他的"党代表"。但一从我做了他的"党代表"之后，便由"志同道合"一变而为"貌合神离"。你要向他提供些意见，他一句口头禅，便是"书生之见，纸上谈兵"。于是我们的交情便进了一境，由"貌合神离"再变而为"分道扬镳"了。

　　书生在做堂上客时，或许还能得到传统军人的尊敬，一旦下堂入厨，即为幕僚，当然要供人驱使了。做官和做书生，本来就不易两全。

　　如今，同是天涯沦落人，张发奎的态度又有了些变化，郭沫若回忆：

⑨张发奎佳电，汉口《民国日报》，1927年8月10日。

赶赴南昌参加起义的共产党员李一氓、阳翰笙

李一氓　　　　　阳翰笙

　　他问我打算怎么样，我回答他打算到南昌去。他却希望我能够跟着他走。他说，他个人打算乘日本船偷偷到上海，再由上海到日本去，部队交给黄琪翔和朱晖日带回广东，希望我能够帮他的忙。他自然是看上了我是日本留学生，懂日本话，够做他的私人秘书，但我谢绝了。

　　不过在这儿我倒也应该感谢他，我虽然坚持要到南昌去，他也没有阻拦我，而且还帮了我一点小忙。

　　他说："要到南昌去，至迟今晚上就要动身。我们回头就要下戒严令，今晚上的口令和特别口令可以照发，明天就不能保险了。"

　　还有，也是他说的，要到南昌去，最希望为他传达一点意见：

　　"第一，我希望他们尽速退出南昌，因为我的部队也要到南昌去，免致发生冲突。

　　"第二，我听说他们要回广东，我希望他们走东江，不要走赣南，因为我的部队要走赣南回广东，免致发生冲突。"

涂家埠火车站铁路桥　　　　　昌北牛行车站

起义军的军帽、军服、手电、马灯及赶制军服的缝纫机

"第三,河水不犯井水,我们彼此不相干犯,我希望革命委员会以后不要再用我张发奎的名义,做傀儡我不来。

"第四,我对政工人员一律以礼遣散,希望他们不要伤害了我的人。"

这些话我请他笔记下来,他很勉强地用铅笔在随便一张纸头上写出来了,但不肯签名。不过,尽管不签名,尽管用铅笔,这总算是他自己的亲笔文件了。

根据张发奎的要求,在九江的共产党员政工干部集合起来,和郭沫若一起离开。张发奎回忆:"我看着郭沫若乘坐机车离开。大约20个人和他一起走。"和郭沫若一起离开的李一氓在回忆录中则写道:"在得到八一南昌起义的消息之后,本来政治部可以全部赶到南昌去的,但张发奎不让去,张发奎只答应郭沫若和少数人赶到南昌,政治部他接收。这样在政治部工作的共产党人只能全部撤出,都回上海向党中央报到。"⑩

郭沫若、李一氓、阳翰笙、梅龚彬四个人加上两个勤务兵连夜向南昌进发。郭沫若回忆:

在车站附近的一条侧街上,替我扛着一口小皮箱和一卷被条的我的大勤务兵,突然把担子放下,当街向着我跪了下来,流着眼泪,向我叩头。

我们都吃了一惊,问他到底是什么意思。

他哭着把意思说出了:"请饶恕我吧,我家里还有一位八十岁的老母亲!"⑪

勤务兵的举动似乎暗示郭沫若等到南昌的行程不会轻松。因为火车早已不通,他们只能找来两辆铁路手摇车,摇着往南昌进发。坐在手摇车上,"漆黑的夜,没

⑩《李一氓回忆录》,人民出版社2001年版,第85页。
⑪ 郭沫若:《革命春秋》,人民文学出版社1979年版,第198—200页。

贺示　　　　　　　　　　　　　　　起义军与南昌民众联欢　起义胜利后媒体的报道
　　　　　　　　　　　　　　　　　　的报道

有月，也没有星。除掉到了车站，站上的电灯显得分外辉煌之外，沿途只有黑影森严中偶尔露出一些农家的灯火"。夜暗、风劲、车疾行，文人于此，难免不生出些"风潇潇兮易水寒"的悲壮。

到临近南昌的涂家埠车站，不巧撞见一群被南昌起义部队击溃的兵士，一顿拳打脚踢，郭沫若从月台被打下轨道，又拉上月台打倒在地，衣服和日记本都被掳光。同车的李一氓，被踢伤在候车室里。幸好这些溃兵志在劫物，得手之后就一哄而散。爬起来，庆幸之余，郭沫若不改文人本色，触景生情，出上联曰："郭主任背腹面受敌。"阳翰笙口快，立即接出下联："李秘书上中下俱伤。"

4日晚上，一行人终于赶到赣江边的南昌城脚下，此时南昌起义军的先头部队已经离开南昌。

起义成功了，但起义前夜刚刚赶到南昌的高语罕却于兴奋中感到了些许无聊："革命委员会，命我为秘书厅秘书，我跟着走了几天，摸不着头脑，经理无人，饭吃不到嘴，我觉得没有用处。"⑫ 起义胜利，按理这些干部正该大展鸿图，却突然间觉得自己没有用处，这真是有点奇怪。

糟糕的是，高语罕的感觉还不是他自己独有。暴动之前，大家人同此心，都想干一下，但干一下以后怎样，心中无数。套用一句曾经流行的话就是：对今后究竟应该举什么旗，走什么路，还没有搞清楚。起义之后，政策路线是什么，共产国际

⑫《高语罕给中共中央的报告》，南昌八一纪念馆编《南昌起义》，第129页。

没有指明，中国共产党人也不是十分清楚。陈毅后来评论："起义是仓促的，准备是很不充分的，因为中央没有明确的政策，不可能有很好的准备。起义之所以能够顺利成功，是因为国民党也没有准备，所以城内的敌人很快就解决了。起义的时候，甚至把朱德同志的教育团都缴了械，打了一下，才知道是自己人，布置之乱，可以想见了。"⑬

这应该是中肯之言。

同样是批评，张国焘可能更刻薄一些，但作为起义的重要亲历者，他的说法仍然值得参考：

同志中有几件表现：一、实在没有法子我们就上山；二、我们在这种〔里〕无法生存，跟军队到广东去再说；三、反对汪精卫等的宣传并不热烈；四、对于革命认识不清。这些都代表逃亡失败的现状。南昌起义是对的，可是在起义中党的作用实在很少，在军事上政治上都毫无准备，虽然平山常说中央历来是取让步政策，只有南昌八一革命是真正领导权，开中国党中国革命的新纪元，可与十月革命并称，但是事实上证明其为左的投机无疑。如此无争夺政权之准备，亦不可不谓吾党历来之遗毒。⑭

张国焘关于缺乏军事政治准备、没办法就上山等说法都颇值重视，或许高语罕等的困惑就出于此，但称南昌起义为左的投机则未免过当，不无为自己在起义中的立场开脱之嫌。在当时背景下，一切不可能从容为之。共产国际顾问在莫斯科的发言倒是很坦率地说到了问题的关键："俄国人并没有领导这次暴动。而依我看来，假如俄国人着手来领导，那就不会有任何结果。一开始就会来解决根本不必要解决的一些政治问题。"⑮

干了再说，还是说了再干，周恩来这些年轻的共产党人没有太多的教条，选择了一条最实际的道路，他们可以被批评的地方很多，但是如果当时没有做出那样的选择的话，也许人们连批评他们的欲望都不会有。

中国共产党迈出了争取自己生存的第一步，尽管这可能只是蹒跚学步，接下来，他们还要继续摸索前行。

虽然今后的大方向还很模糊，但落实到具体的行进方向，中共中央其实早有决定：南下广东，取得海口，以求国际援助。事变前，中共中央已经决定："以中共所掌握和影响的部分北伐军为基本力量，联合武汉国民政府第二方面军总指挥张发奎，

⑬ 陈毅：《八一起义》，《陈毅资料选》，上海师范学院政治教育系等 1979 年编印，第 20 页。
⑭ 《张国焘报告》，南昌八一纪念馆编《南昌起义》，第 165 页。
⑮ 《工农红军参谋部第四局关于南昌起义会议速记记录》，《联共（布）、共产国际与中国国民革命运动（1927—1931）》7，第 44 页。

重返广东，实行土地革命，建立新的革命根据地，举行第二次北伐。"[16] 8月4日，中共中央又指示广东省委："我们原定计划是攻击朱军后直奔东江。中央昨日会议议决令粤省委即刻以全力在东江接应。"[17] 要求广东方面为迎接起义军做准备。同时中共中央在8月1日发出指示，要求起义军分兵一到两团前往湘赣边境，准备参加拟议中的秋收起义。电报中说："南昌暴动，其主要意义，在广大地发动土地革命的争东因此，这一暴动应当与中央决定之秋收暴动计划汇合为一贯的斗争。在此原则之下，中央曾训令湘粤赣鄂四省立即进行，响应南昌暴动：一方牵制破坏压迫南昌之敌；一方开始秋收斗争。同时决定由前敌分兵一团或二团交由郭亮处，希率领到湘南占据郴、宜、汝一带，组织湘南革命政府，受前方革命委员会的指挥，并供给相当的饷弹。"[18]

根据原定计划，南昌起义得手后，仅仅休整了2天时间，起义军即匆忙从南昌启程南下。行前在中央银行南昌分行出纳科长沈寿桢配合下，"把所有的现款都带走了"。对此，汪精卫在武汉国民党中央报告中也不得不捏着鼻子承认："这不是他们抢走的，是我们中间有人串通了敌人拐走的。"[19]

根据江西的地形，南下主要有两条路线：一是沿赣江南行，经吉安、赣州、韶关等中心城市进入惠州地区，这是传统的两粤出东南主要通道。一是由赣东经临川、会昌、寻乌入粤东北，直取东江。前一条虽是大路，却也是对方重兵驻扎地区，相对而言，后一条路相对偏僻，对方力量较弱，且东江是广东农民运动发达地区，直取东江，有望较快取得当地群众的支持。

选择下东江还有很重要的一点就是这里拥有汕头出海口，可以指望从苏联方面取得物质援助。南昌起义后，苏联方面迅速作出大力援助的计划，加伦提出准备装备一个军的要求。8月11日，联共（布）中央政治局决定，根据加伦的要求拨付总价110万卢布的装备，包括15000支步枪、1000万发子弹、30挺机关枪、4门山炮。同时，要求"紧急弄清楚在汕头设立商务代表处或另外一种经济机构的可能性"。[20] 虽然，这一大规模的运输计划后来并未能真正实施，但当时却是影响起义军多数人选择的关键因素。

根据周逸群的报告，他当时是坚持主张走大路的，他回忆的关于走哪条路的决策过程，颇能反映当时起义军内部多头决策的实况。

---

[16] 中共中央文献研究室编：《周恩来年谱》，中央文献出版社1998年版，第120页。
[17]《中共中央致广东省委信》，南昌八一纪念馆编《南昌起义》，第42页。
[18]《中共中央致前委信》（1927年8月1日），《党的文献》，1997年第4期。
[19] 汪精卫：《关于江西方面的情况》，南昌八一纪念馆编《南昌起义》，第507页。
[20]《联共（布）中央政治局会议第119号（特字第97号）记录》，《联共（布）、共产国际与中国国民革命运动（1927—1931）》7，第17页。

朱德的驳壳枪 　　　　　　贺龙的怀表 　　　　　　起义军盛茶水的水缸

得知南下将经临川、会昌、寻乌后，周逸群立即找到贺龙、刘伯承，力陈应走大路，并要求请叶挺一起商量。此时叶挺恰好在开一个军事会议，无法分身，等到深夜1点。此时，"贺龙已一天一夜没有睡觉，精神疲惫，他最不愿意讨论下去，便说：'还讨论什么，你们决定的东西哪一次是正确的？'这样，大家便无事可做。我只好单独去找叶挺直接谈。但不管我怎么说，叶从头到尾赞成走小路。"

周逸群是个执拗的贵州汉子，他并没有灰心，继续向起义重要领导人之一谭平山游说："我反复对平山讲了走小路在粮秣方面的种种困难。平山也赞成经赣州而折往东江。但他始终没有坚定地赞成走大路。"

有了谭平山半心半意的支持，周逸群决心继续坚持自己的意见：

第二天一早，我再次提出这个问题，叶挺、周恩来、贺龙和刘伯承都在座。虽然他们每个人都反对我的意见，但也不是全都不赞成我所主张的。最后，叶挺不耐烦地对我说："这事你不早说，现在已经决定，而你又固执地坚持再讨论它，难道你不怕扰乱军纪吗？"虽然我仍不同意，但由于怕扰乱军纪，便不再说什么了。[21]

客观地说，走大路未必就会有更好的结果，走小路遇到的粮秣问题也是事实。这就好像下棋一样，实力不够，怎么走似乎都束手束脚。

除上述两条路外，后来陈毅、贺龙等都提到，其实还应有西进的第三条路，即"折回武汉，转道湖南，发动两湖地区的革命群众，也是一条路"。不过，且不说其是否成立，当时大多数人根本就没有去想这样一种可能。

向来自抑的南昌起义主要领导人周恩来后来反思了这一时期的选择，认为起义后犯了不少错误：

---

[21]《周逸群报告》，油印本，与南昌八一纪念馆编《南昌起义》同一文件文字有出入。

民众奋力支前（油画）

主要错误是没有采取就地革命的方针，起义后不应把军队拉走，即使要走，也不应走得太远。当时如果就地进行土地革命，是可以把武汉被解散的军校学生和两湖起义尚存的一部分农民集合起来的，是可以更大地发展自己的力量的。但南昌起义后不是在当地进行土地革命，而是远走汕头；不是就地慢慢发展，而是单纯的军事进攻和到海港去，希望得到苏联的军火接济。假使就地革命，不一定能保住南昌，但湘、鄂、赣三省的形势就会不同，并且能同毛泽东同志领导的秋收起义部队会合。[22]

周恩来是一个十分谦虚的人，在一定的环境下这样说，更有他深思熟虑的用意。不过，周恩来的这种自我批评不免牵强。南昌作为江西政治、经济中心，又是长江流域重要城市，以当时共产党的力量，要在此长期立足几无可能。倒是陈毅快人快语："向武汉，向长沙，虽有革命群众的基础，但张唐的力量很大，如果蒋汪合作，形成夹击的形势，就不好搞。"[23] 正如后来毛泽东给林彪信中分析的，共产党当时生存的重要条件就是统治力量的薄弱，显然，南昌根本不能满足毛泽东所说的这一条件。

[22] 周恩来《关于党的"六大"的研究》，《周恩来选集》上，人民出版社 1980 年版，第 173 页。
[23] 陈毅：《关于八一南昌起义》，《近代史研究》1981 年第 2 期。

许多人强调当时国民党各实力派相互争权夺利，无暇他顾，但要注意到，后来宁汉很快合流，江西成为双方接触的重心，长江流域迅归一体，即使不可一世的唐生智也瓦解于无形。如果南昌起义部队没有及时离开，后果更难以想象。

此外，我们不能不注意到的是，南昌起义部队还是一支没有经过政治改造的部队，虽然其中有一些共产党员骨干，但大部分官兵并没有明确的革命意识，很多人都是在长官的裹挟下参加进起义队伍中。如一个起义士兵回忆的："由于起义的命令保密，部队打起来了，士兵都不知道谁打谁，有的还认为是敌人打我们。"在来不及展开政治工作的情况下，及时掌握他们的意愿十分重要。第四军、第十一军作为广东开出来的军队，有相当一部分中下级军官是广东人，他们返回老家的愿望十分迫切，南下相当程度上契合着他们的心理。所以叶挺在起义后发出的告第二方面军同志书就强调：

本方面军为革命为主义奋斗，未尝争半寸地盘，且为革命战役无时休息，故除向唐生智及武汉政府领取薪饷外，别无他法可筹款弥补，不比其他各军均有固定地盘，各高级军官久已腰囊充满，而下级军官亦都分润些许……东征结果，我方面军必走到一个极危险地位，势孤力尽，至生无容身之地，死无葬身之所，恐怕现在六七折的纸票也无法领到，所以欲维持我们生存以为革命奋斗，也必找着个内不受军阀所包围，外不受帝国主义所封锁的地方。全国十八省唯有广东适合这个条件。

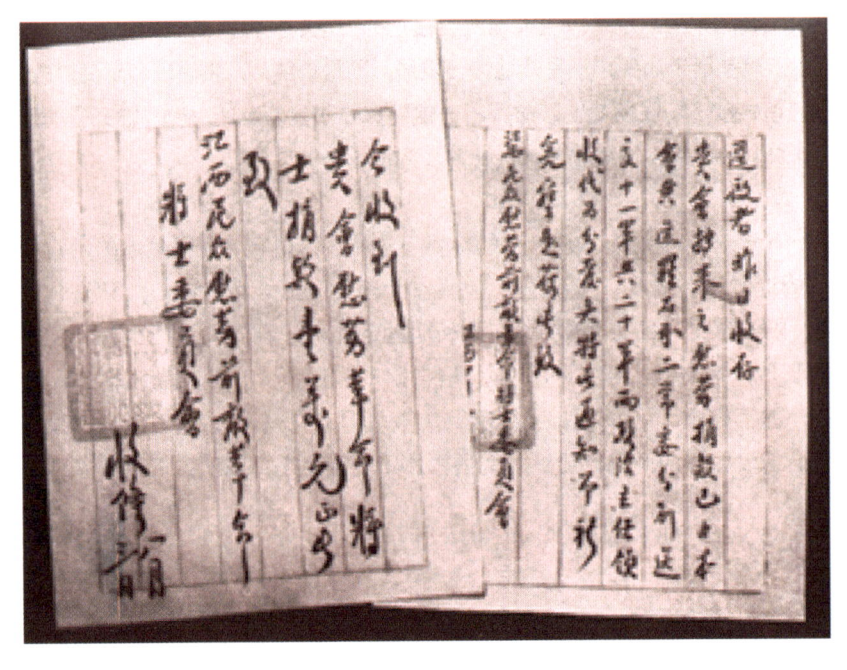

慰劳捐款收条

我们铁军过去光荣的历史，也是革命势力团结的结果，凡忠实以从事国民革命工作的人，都是我们最挚爱的战士，凡是假革命营私自利的军人，我们不管他手上是否撑着有青天白日的旗子，都是我们的敌人……两期北伐，我们铁军沿途都是扶助农民运动的发展，并赞助他们二次革命行动，因为他们能得解放，得到利益，也就是我们士兵家属在家乡，或是我们战后余生在将来回到乡村的时候，可以得到同样的解放和利益。㉔

　　这其实说出了起义军选择南下的重要原因，切中了许多官兵的心思。

㉔《叶挺告第二方面军同志书》，南昌八一纪念馆编《南昌起义》，第 27—28 页。

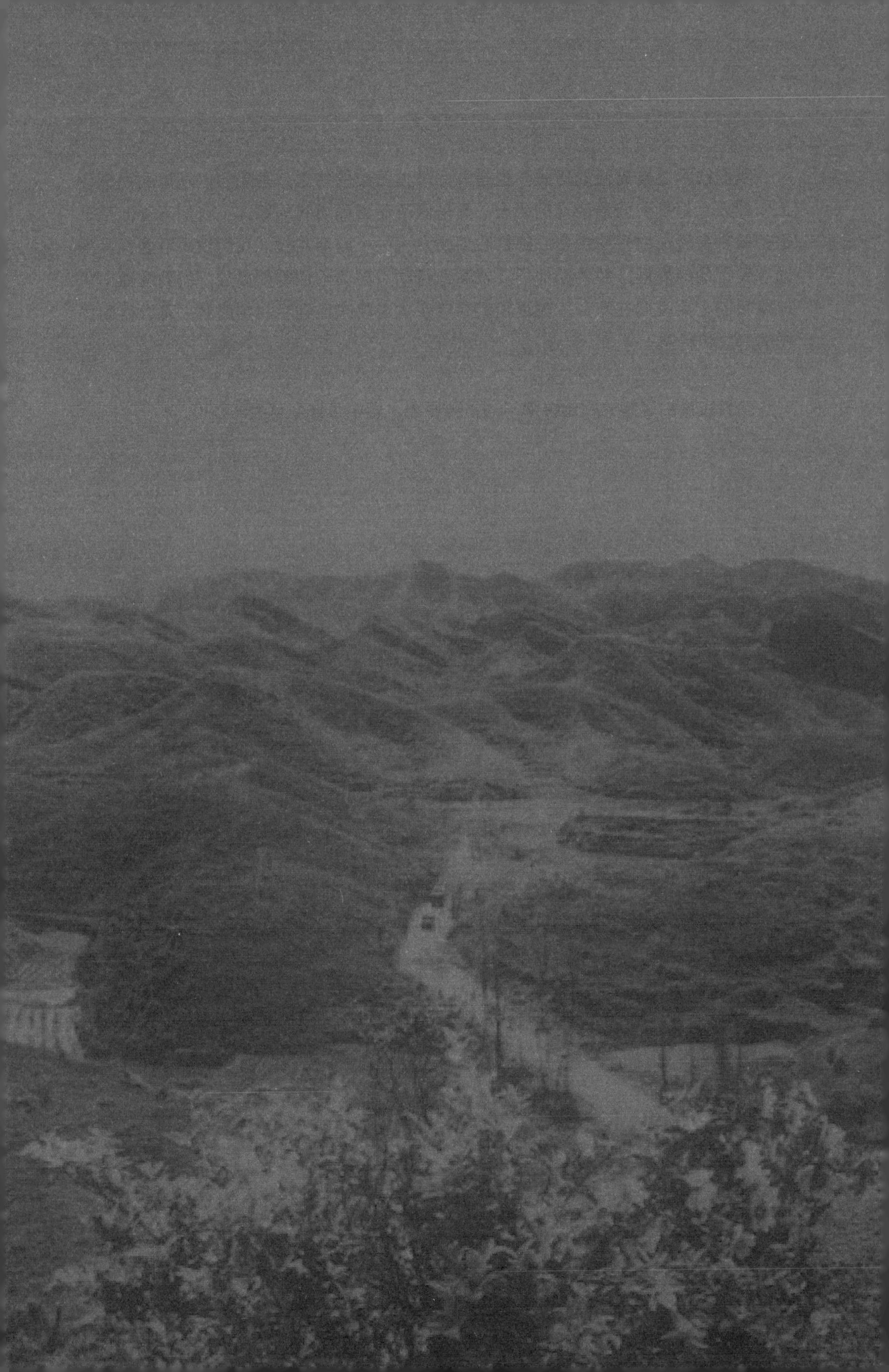

05

南下征途

8月3日起，起义军分批撤离南昌，经赣东抚州一带南下。

由于走得匆忙，一些预定参加起义的部队甚至未能及时跟大部队会合。8月4日上午，第二方面军军官教导团（原武汉中央军政学校）数千人从武汉乘船抵达九江，中共著名儒帅陈毅对这一段经历的回忆和他的为人一样，风趣、生动，值得一读：

七八千学生坐了几十条船，一个小火轮拖三四条木船，每一条船上坐几十人，浩浩荡荡，蜂拥直下。军委的命令叫我们东进讨蒋，归张发奎指导。军委并没有告诉我们八一起义的事，只是说，中途可能有变化，要我们有应变的准备。但因为不知道八一起义的事，所以准备是很不够的……船到九江，船不准靠岸，事情严重起来了。张发奎的兵立刻到船上来说："同志们有枪的把枪放下，国共分家了。"七八千学生就这样在船上缴了械。下午，船才准靠岸。张发奎把学生集合起来讲话，他喊着："国共分家了，共产党站那一边，国民党站这一边，分一下，别误会。"他不好意思说左边右边，只笼统的喊那边这边。但那边当然没有人敢去站，一喊都站在一边了。

当晚，我们在党内布置了一下，指出了几条路。一条，可以回家，回家去搞农民运动，一条，连夜出发到南昌去和叶贺会合。一条，要是还没有暴露的，可以留下。大约有两百多人愿意留下，这两百多人组织了支部……我是著名的红色分子，埋伏在特务连连部里面。特务连的环境较易隐蔽，连长肖劲光同志是党员，一、二、三排排长都是同情分子。那些同情分子说："你是CP分子，我们今后是要合作的，我们一定不要自相残杀。你在我们这儿不要紧，只要上面没有命令，我们决不怎样你。上面要有命令，我们芝麻大的官也护不了你，你再走也不迟。"这是当时中下层干部的普遍心理。对于汪张残杀共产党、工人、农民、学生，中下层干部是普遍愤慨的。但我和肖劲光同志因为太暴露，所以还是决定去找叶、贺。

从武汉赶赴南昌参加起义的第二方面军军官教导团教官陈毅

我们连夜出发，从九江往东走，一夜走了三四十里。一路上，老百姓很恐慌，都说兵变了，家家关门闭户，不敢收留外乡人。农民协会的牌子都打烂了，土豪劣绅又横行霸道起来。本地的团练在路上武装盘查，遇到形迹可疑的人就抓。问我们干什么的，我们说当兵的，问我们到哪儿去，我们说回家，不干了。快天亮了，既没有东西吃，也没有地方睡。住家不用说，旅店伙铺都大门关得紧紧的，打门不开。说是当兵的更不敢收留，只好到山上树林子里休息一下。天亮以后，又走，走出了六十里，慌乱的情况才没有了，也可以买到东西吃，田里也有人耕种了。

陈毅赶到南昌时，起义军已经离开，张发奎军进驻南昌。不得已，离南昌南下，继续追赶部队：

出南昌十多里，到了一个渡口。渡口上有一条船，一个人守在船上，都不肯渡人到对岸去，说是封渡了。我一看那个人很怪，穿一件西式衬衣，一条西服裤，不像是船夫，一定有名堂。我们就问他贺、叶哪儿去了，他说经临川方向去了。我们说是不是去吉安，他说没去吉安。我们问你怎么知道，他说他是学生联合会的，叶、贺早晨出城时，曾跟学生联合会有过交涉。我们问他在这儿干什么？他说城里乱得很，张发奎也杀学生联合会的人，他躲在这儿，过几天，等秩序恢复了再回去。我们问他是不是共产党，他急说：不是，不是！

我们知道他的政治面目后，就让他帮忙，找个地方住，找点东西吃，他满口应承。船夫回来后，他就叫把船划到江心靠在沙洲岸边，我们这天夜里就睡在船上。第二天，又请船夫把我们送上临川的路，送到李家渡。

过去李家渡以后，沿路乱得很。很多团练流氓在路上盘查搜索。见人就问："有没有表？卖给我。"也有搜腰包的。

在路上碰到了几个军官，是蔡廷锴的十师的，蹲在路上吃西瓜。我们一打探，才知道蔡又叛过去了……我们赶到临川，总算赶上了队伍。[1]

陈毅回忆中提到的蔡廷锴第十师离开，是起义军刚刚出发南下时就遭遇到的一个重大打击。

在参加起义的人员中，蔡廷锴的地位非常特殊。

蔡廷锴和叶挺都出身于粤军第一师，两人无话不谈，关系一向要好，当时又同在第十一军任师长。第十一军原系陈铭枢旧部，1927年3月陈铭枢离开武汉投奔蒋介石后，蔡廷锴虽仍袭旧职，但与张发奎间上下并不相安。蔡廷锴一直是陈铭枢的部下，对陈死忠，6年后，离开部队数年的陈铭枢回到蔡廷锴部队策动福建事变，蔡

---

[1] 陈毅：《八一起义》，《陈毅资料选》，上海师范学院政治教育系等1979年编印，第20—25页。

参加南昌起义的第二方面军第十师师长蔡廷锴

曾任第二方面军第十一军军长的陈铭枢

起义军在南进途中（油画）

虽满腹狐疑，仍顺从发动。当年军人对个人的忠诚现代人可能已经无法理解，但张发奎不会不知道这一点。六七月份，张发奎下令处死蔡师二十八团中校团副魏某，理由就是他与陈铭枢互通款曲。这件事，张发奎当然是要杀鸡儆猴，警告陈铭枢旧部不要再心怀异志，但对蔡廷锴这些人却是不寒而栗，忧心如焚，更加剧了离心情绪。

南昌起义其实是给了蔡廷锴与张发奎分道扬镳的绝好机会。正因此，当叶挺在九江向蔡廷锴提出"不如我军回粤休养为高"时，蔡廷锴"正中下怀，深表赞同"。[2] 不过，蔡廷锴后来在大陆的回忆中说得很坦率："他是共党，自己是国民党，根本信仰不同，主张亦异，惟有待机定进退。"[3] 只是他心里的这些话，当时肯定不会告诉叶挺，而其脱离张部的热情却为后来叶挺对他的错误估计埋下了伏笔。

[2]《蔡廷锴自传》，黑龙江人民出版社1979年版，第180页。
[3]《蔡廷锴自传》，黑龙江人民出版社1979年版，第180页。

南昌起义后，在讨论如何对待蔡部时，前委内部产生意见分歧，谭平山认为蔡廷锴革命意志动摇，要求撤换其师长职务或者予以扣留。尤其南昌起义爆发那天，十师和二十军发生冲突，打死二十军"训练团和二团的一个军官和一个学生，又牵走了军部所有的马"。贺龙对之十分光火，主张对十师师长蔡廷锴及其军官一并扣留制裁，叶挺则表示："廷锴也是穷苦人出身，革命觉悟还是有的，他作战勇敢，为人仗义，他来南昌，对我们表示好感，如果我们丢掉他或者扣留他，不光对不起朋友、十师官兵不服，就是汪精卫、张发奎也会借此大做文章。我看不如仍然信任他，令他继续担任十师师长，团结他一起革命。"

叶挺的这一态度后来受到很多批评，其实，我们也都知道一句老话：强扭的瓜不甜。蔡廷锴离开南昌起义军应该是早晚的事。而且，蔡廷锴带兵也是一把好手，部队多是广东子弟兵，要抛开他掌握他的部队并不是那么容易，真要对蔡动手，很可能在南昌就要爆发一场战斗。

当然，蔡廷锴当时谦恭的态度也不无迷惑作用。周逸群报告："早上八点，蔡廷锴到了南昌。他写信给贺龙、叶挺请求指导，用语极为谦恭。于是贺请他到军部聊天，叶也在坐，自然，结果是表示联合。蔡下条子命令二十八团团长把马全部送回，结果仍有二十匹好马未退回。"④

正是为了避免蔡廷锴部在南昌继续和其他部队发生冲突，8月3日，十师作为左翼前卫部队，率先离开南昌。

当晚，在南昌60里外宿营后，蔡廷锴召来心腹、二十九团团长张世德密谈，根据蔡廷锴回忆，他当时所说内容主要是：

我师现在已脱离虎口，今后行动，应有妥善之计划方可。如果随叶、贺返粤，他是共党，不会合作到底。欲听张军长消息，又不知何时始能联络。为今之计，只有先与共党脱离关系，再作第二步打算。惟本师不少共产党员，三十团团长以下全团官长都是共产党员，二十八团、二十九团亦不少共产党员，倘此时不清理清楚，将来更是麻烦。⑤

张世德听到自己的同事居然有这么多共产党员，大为吃惊，表示十二万分服从蔡的布置。双方密商结果，决定第二天强迫共产党离开。

4日，十师进至进贤。蔡廷锴令特务营在师部布下陷阱，然后命共产党员掌握的第三十团架枪休息，令团长范荩（范孟声）、二十八团参谋长徐石麟等共产党干部至师部前空地集合，派兵强行驱逐。

④《周逸群报告》，油印本。
⑤《蔡廷锴自传》，第181页。

南昌起义部队南进转战图

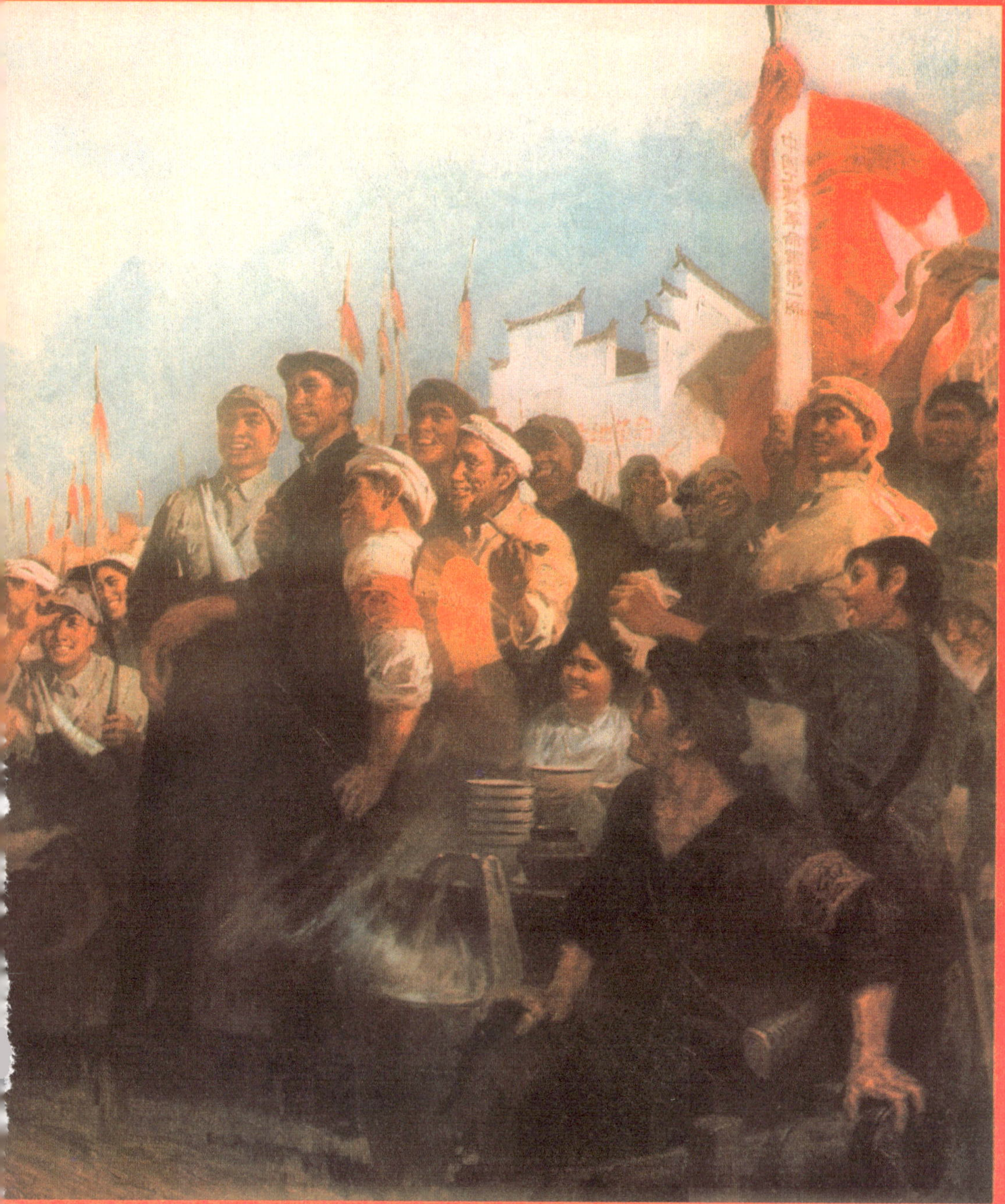

冈山会师〔油画〕

湖南起义
崇义
上堡整训
湖南汝城
大余
信丰
安远
天心圩会议
瑞金
会昌之战
福建汀州
福音医院
湖南宜章
福建上杭
南塔寺
三河坝之战
流沙教堂会议
广东普宁
广东饶平
茂芝会议
涵碧楼
大埔会馆
广东潮州
广东汕头
山湖之战
广东海丰
红宫
甲子港
广东陆丰
甲子港码头

多年后，蔡廷锴解释他驱逐共产党的动机："共产党员的努力，我是甚钦佩，但对人手段，我是不能忍受。所以为保全本师，我不得不请本师共产党职员暂行离开。"⑥

蔡廷锴的清洗使一批共产党员被迫离开第十师。该师最有影响的共产党员是第三十团团长范荩，聂荣臻回忆："十师三十团团长范荩，北伐中在河南打得很好，部队很有名气。范荩既是一位出色的团长，也是一位很忠诚的共产党员。"⑦被蔡廷锴强制离开队伍后，范荩回乡务农三载，后经保定陆军军官学校第八期同学王东原等介绍，到长沙任湖南省保安处上校（人事）科长。七七事变后，出任国民革命军第一九八师少将副师长，1938年武汉战役期间在湖北黄陂与日军激战中阵亡。

蔡廷锴第十师三十团团长、共产党员范荩

偶然的命运遇合，会改变人的一生轨迹，但只要具有为国为民的情怀，终究可以殊途同归。

和张发奎一样，蔡廷锴清洗共产党也采取不赶尽杀绝的做法。当时，张发奎曾电余江，要蔡廷锴将"范孟声、徐石麟等枪决"。⑧张发奎在自己部队中没有大开杀戒，却要蔡廷锴杀共产党，显然有借刀杀人之意。蔡廷锴当然也不傻，反而派其参谋长持张电传示范孟声、徐石麟等，并传达蔡的意思："张发奎太无人情，蔡愿保留尔后合作余地，派他雇小舟送我们四人他避。"⑨对张发奎则电复已将范孟声、徐石麟等枪决。后来，上海报纸登出的蔡廷锴枪决共魁新闻，就出自此电。

民国时代，政局不明，走向混沌，不少人的处世诀窍就是处处留情，绝不把事做绝，很多的生存机会和空间正来自于此。

蔡廷锴脱队，一定程度上动摇到起义军的军心，二十军参谋长陈裕新及第五团约700人也发生叛乱。这也就是张发奎向汪精卫报告的"贺叶诸逆尚在抚州，官兵互相残杀，逃散甚多"⑩的由来。

但是，蔡廷锴脱队后，并没有回到张发奎那里，而是东下投奔自己的老长官陈铭枢。多年后，蔡廷锴这一举动，张发奎仍然不能原谅，他滔滔不绝地揣测着蔡廷

⑥《蔡廷锴自传》，第182页。
⑦《聂荣臻回忆录》上，第67页。
⑧《张发奎十日电》，南昌八一纪念馆编《南昌起义》，第514页。
⑨徐石林："'八一'起义片段"，《南昌起义资料》，第244页。
⑩《张发奎十日电》，南昌八一纪念馆编《南昌起义》，第514页。

锴的动机，怨恨有时会使一个寡言者变成长舌妇：

蔡廷锴在进贤摆脱共产党之后打电话给我，我想他是忠诚的，但不料他竟用不很地道的广州下流话咒骂我，使我极为震惊。他说，他忠于陈铭枢，支持蒋先生。反蒋是错误的。他像反对共产党一样反对我们。

蔡廷锴因为蒋先生而恨我。即使没有南昌的造反，他也会离开我。他在等待合适的机会。只要投入蒋介石营垒，他可以从南昌到他选择的任何地方去，广东、福建、浙江，世界对他敞开着。[11]

张发奎说到的蔡廷锴对他大骂的情节，现在已难以完全证实或证伪。不过，1 月 10 日，张发奎在给武汉的电报中提到，当日蔡廷锴"来电请示行止"。这时蔡廷锴已经脱离起义队伍 6 天，部队也开到赣东的余江，离张发奎部越来越远。从蔡廷锴的回忆中可以看到，此时，他实际上已经决定离开张发奎，所谓请示行止更可能只是在知会张发奎自己的决定。可以想象双方当时情绪的激动，出现对骂的场面应不让人意外。让人稍感意外的是张发奎给武汉的电报，不仅绝口没有提双方的争吵，也没有说到蔡廷锴的离去，反而赞扬蔡氏"忠于党国"，应付得体。张发奎是个军人，而且是个尚有良心的军人，但从这种家丑不轻易外扬的沉稳看，他又不是一个简简单单的军人。

看人读史，切切不可仅仅看到别人想让你看到的部分，不管是什么人、什么事，都是如此。

大凡成功者，平步青云背后，必有其不同凡人的秘诀。

南昌起义的确给了张发奎很大的打击。

他在给武汉电报中说到的"刺激过甚，实已心灰"，应该是他瞬间心理的真实反映。方面军 3 个军走了 1 个，虽然贺龙的二十军是由独立师刚刚扩编的，也不是他的嫡系部队，但力量的流失仍然让人心疼。最重要的是第十一军 3 个师一下走了 2 个，第四军二十五师也拉走了一部分，整体实力几乎损失了一半，一个军事长官，在没有战争的情况下，面对这样的损失，内心之痛苦可想而知。

根据张发奎自己的说法，事件发生后，他积极准备镇压起义部队：

迅即击溃叶挺、贺龙之叛变实为当时最紧要之事。所以，一面呈报政府，一面就亲率第四军之第十二师、第二十五师及第十一军之第二十六师，由九江分向南昌，

---

[11] 转见杨天石《张发奎谈南昌起义》，《档案与史学》，1995 年第 2 期。

取包围形势前进，准备在南昌及其附近歼灭叛军。八月七日，我各师到达南昌，叶、贺已闻风向进贤、抚州方面逃遁，我除了招抚安辑外，当即指挥各师紧向叶、贺两部叛军追击，等我追到抚州的时候，叶、贺又窜向宜黄，而有由宜黄南下窥粤之势。后来，叶、贺叛军果然窜广东直趋潮梅，政府为挽救革命策源地之广东起见，乃令我追剿，当时广州政治分会主席李济深亦派前第四军党代表陈可钰来赣，洽商清剿计划，因此，我就决定取道新淦、吉安、泰和、赣州、南安、南雄、始兴、韶关，径趋广州，以增强广州防务，必要时，再移广州之师东向潮梅，予以截击。[12]

张发奎的这些说法，真真假假，不可全信。不过有几点却是真实的：一是南昌起义部队从3日开始撤离南昌，而他的部队7日才到达南昌，九江到南昌100多公里，且有南浔线可通，行动如此迟缓不应该是交通方面的问题。二是他在追击起义部队时，完全离开了起义部队的后尾，而是按照他原来的设想，直趋广州，并一度取得广州的控制权。可见，追击起义部队是假，南下广东是真。

张发奎之所以会作出这样的选择，和他对共产党不愿赶尽杀绝的态度，对广东地盘的觊觎，尤其是事变后双方的实力对比有着直接的关系。虽然从人数上看，南昌起义后，张发奎控制的部队仍然占有着一定的优势，蔡廷锴部离去后，这种优势更为明显。但有叶挺这样的精锐部队存在，张发奎也没有拿得下起义军的把握，冲突起来，损失必然巨大。何况此时东有蒋介石、李宗仁，西有唐生智，身边还有朱培德，四面强邻环围，稍有闪失，后果不堪设想。

不能忍一时之愤，巨祸或许就在眼前。

张发奎的处境，叶剑英了然于胸。

在九江召集的高级军官会议上，面容惨淡的张发奎强撑体面，宣称叶挺、贺龙公然"叛变"，于公谊私情均不可谅解。第十一军军长朱晖日被拉走2个师部队，心中如割肉般疼，极力主张立即派兵追击。他的发言引起一片附和，张发奎也为之动容。

叶剑英并不着急。他知道他的话一定能对张发奎发挥作用。

叶剑英从容不迫，侃侃而谈：叶、贺已撤离南昌，南下广东。李济深地盘受威胁，必不相容，一定会派兵出击，广州城防随之空虚，这正是我们南下广东的大好时机。如果我军以"援师讨逆"为名，直趋广州，拿下广州有很大可能，这比跟着叶、贺屁股打，两败俱伤要好多了。

叶剑英这番话，虽然是为了保证起义军不被张发奎和李济深前后夹击，但巧妙的是，听起来却完全是从张发奎立场考虑，正好对上了张发奎的心思。张发奎一直

---

[12] 张发奎：《广州暴动之回忆》，《中国近代史通鉴（1840—1949）8·南京国民政府时期》，红旗出版社1997年版，第470页。

时任张发奎第二方面军参谋长的叶剑英　中共中央代表张太雷

绷着的脸上，渐渐有点放晴了。

后来的事实证明，张发奎正是照着叶剑英提供的思路走的。

然而，张发奎毕竟怕担"通共"之嫌，因此虚张声势，派出一部分兵力追赶起义军，以敷衍武汉方面。8月5日，武汉政府接到他的电报，声称"职部积极进剿，本日先头部队已抵涂家埠"，并"速向南昌追剿"中。实际上，他率部追抵南昌后，又拖延时日，待贺、叶部队进兵临川、宜黄时，才派兵追赶。这样，张发奎部和南昌起义军几乎没有发生正面冲突，大大减少了起义军的压力。

9月29日，张太雷在给中共中央的信中透露："张发奎、黄琪翔与我们吊膀子，互相派代表。"[13] 看来，虽然南昌起义给张发奎打击不小，但他还没有和中共走上完全对立的道路，不管他内心真正盘算如何，张发奎依违两可的态度客观上对起义军的南下减轻了不少的压力。

追兵压力虽然减轻，但起义军南下之途仍是困难重重。

起义军南下的路线是由赣东经寻乌直取东江，一路多是山地，崎岖难行。此时正值八月盛夏，骄阳似火。由于在南昌找不到民夫，士兵每人背负250—300发子弹，还要自扛机枪、大炮，行军非常辛苦。参加南下的阳翰笙说："时值盛夏，天气酷热。大部队行军非常艰难。一路上，大家唇干舌燥，汗流浃背，饥肠辘辘，疲惫不堪。朱德的九军走前头，负责找粮食，为后续部队筹备粮草。大家给他取名'老将黄忠'。老百姓都跑了，买粮食很困难。部队能吃到泰和豆豉炒辣椒，就算高级菜。"[14]

[13] 《张太雷自汕头来信》，南昌八一纪念馆编《南昌起义》，第80页。
[14] 阳翰笙：《参加南昌起义》，《新文学史料》，1985年第2期。

肖克详尽回忆当时的行军状况:

从南昌出发,二十军走前面,十一军跟进。盛夏季节,赤日炎炎,热得让人透不过气来。好在开始路还比较好走,路两边有很多老百姓摆摊,卖西瓜和其他水果,也有卖茶水的。北伐军在这一带多次来往,老百姓对北伐军的纪律非常赞赏。我们走过时,不断有老表们打招呼,作关切的问候,有的还主动递上瓜果和茶水。尽管行军十分辛苦,部队的士气还好。

但两三天后,由于天气太热,人已非常疲乏。部队中大部分是湖南、湖北人,且多为农民,让他们远离家乡,艰难跋涉到广东,不是一件容易的事。

出发前虽然做了宣传和动员工作,但时间有限,工作做得粗,特别是部队中的各级党组织还来不及建立或健全,两湖籍士兵不少开了小差,我团甚至有三个连指导员也走了。他们都是我当连指导员时的同行,多次在一起开会。

平常这些人讲得头头是道,显得很"左",但遇到困难就擅自离队,我们才知道他们革命并不坚决,深为鄙视。⑮

什么时候,都有喜欢唱高调的人,但一有风吹草动,也正是这种人溜得最快。

肖克是个乐观的将领,坚强的性格和多年的间隔冲淡了当年的艰苦。从当时的报告看,进军沿途遇到的困难比他回忆的还要困难,周逸群在2个月后写到这一段时,仍感到惊心:"卫生队无人挑卫生材料,以致病者无药,死者无人安埋,其惨况有非笔墨所能形容者。职是之故,官兵心理颇为灰心,甚至怀疑革命者有之。军纪非常不易维持,以致沿途拉夫鸣枪之事时时发现。"⑯

逃跑现象整连整排发生,许多部队弄得溃不成军。除环境艰苦外,当时张发奎在部队中仍有相当威信,不少是广东出来的子弟兵,与张发奎的分手让一些人心存疑虑,选择出走。郭沫若后来曾写到,他在九江往南昌途经德安时,一位营长就问他:"我们大家都不明白,为什么自己人要打自己人?"郭顾虑到这位营长的思想倾向,回答是:"一定打不起来的,请放心。南昌的革命委员会里面,不是还有张总指挥的名字吗?他们只是反对蒋介石和汪精卫,并不反对总指挥。"

从这一件小事可以看出,张发奎在军中的影响确实不能低估。在上述几因素综合影响下,行军3日,逃跑及病死的士兵近4000人,子弹遗弃将近半数,迫击炮完全丢弃,大炮也丢了几门。

贺龙的第二十军因为刚刚扩编等历史原因,军纪一时难以适应新的要求。第

⑮《萧克回忆录》,解放军出版社1997年版,第54页。
⑯《周逸群报告》,油印本。

二十军教导团第八队队长报告：

由南昌至抚州，这一段真是糟糕极了。军队因为多时不开差，一经动身，自然在军纪上、精神上都显出一种堕落的现象。同时第三师的新兵又没有尝过这种滋味，受不起这种痛苦，于是丢毡子丢东西简直是多到极点，甚至因为疲倦的关系，把子弹都丢弃了许多，同时又因为纸票的关系，老百姓都不开门，因此沿途连一个人都看不到，唉！在这一段中真是糟到极点了，有许多不肖的官长（司务长副官之类）及学生，腹内饥饿的时候即将老百姓的瓜果鸡鸭拿来充饥，因此更惹起老百姓的惶恐与讨厌，所以后来每到一个地方，简直是十室十空了。⑰

为严肃军纪，贺龙派出警卫营，执行军法。一名鸣枪抓夫的士兵被警卫营押至交通要道枪决。在告第二方面军全体官兵书中，他郑重告诫：

我们到广东，不是消极的，是积极的；不是送广东同志回家乡，是集中各省革命同志，准备第三次北伐，实现总理的三大政策，实行总理的三民主义，打倒一切新旧军阀及卖党苟活的汪精卫……我们既然明白我们是为自己革命，为自己牺牲，我们对于民众尤其是对于一般贫苦工农大众，应加以保护，反对拉夫，对于商民也应该切实保护，不应该强行买卖。不然，我们便不是革命党，我们乃是和新旧军阀一样的战争，乃是同蒋介石、唐生智以至其他攘夺地盘的战争，其实是反革命的行动，其结果是违反人民的利益。⑱

虽然路途辛苦，但不一样的人们依然呈现出不一样的对待艰苦的态度。后来脱离中共的朱其华在1927年年底记下了他当时亲见的情景：

财政委员会主席林祖涵的年龄也很大了，他的头发也完全白了，但他的精神比较好。

代英的精神也很好，他穿着一套粗布短衫裤。

徐特立这老头子的精神特别好，他看见那些青年同伴在路上休息，总是带笑地招呼："噢，同志，精神振作起来，前进！"

参谋团主任刘伯承，精神是非常饱满的。据说他是四川的一员老将，他的眼睛就是在战场上打瞎的。

⑰赵辋：《关于南昌暴动中二十军斗争情况报告》，南昌八一纪念馆编《南昌起义》，第108页。
⑱《兼代第二方面军总指挥贺龙告全体官兵书》，南昌八一纪念馆编《南昌起义》，第38页。

秘书长吴玉章，因为他有痔病，而且他的身体也特别的瘦弱，所以例外地坐了一乘轿子。

主席谭平山穿着一身中山装，戴一顶平顶的草帽，骑了一匹黑色的马。大家都叫他谭主席——这是以前对谭延闿的称呼，但现在的谭主席是谭平山了。虽然主席团的主席在军中的共有四人（谭平山、郭沫若、恽代英、贺龙），但平山俨然成了我们这一群中的唯一领袖。

在这份写于1927年年底的回忆中，朱其华对张国焘印象不佳："农工委员会主席张国焘，简直像个鸦片鬼，精神始终是萎靡不振的。他总是和彭湃在一起走。彭湃的精神就和他完全不同。他是我们这一队伍中最活泼的一个，一路上都是唱唱跳跳，完全像一个天真的小孩。唱了一下国际歌，又唱唱广东戏，'顽皮的孩子！'高语罕这样笑他。"⑲

在关于南昌起义的回忆中，对张国焘不利的证词很多，但朱其华的回忆以其早出而较具可信性。巧合的是，1950年，南昌起义中的对手张发奎和张国焘在香港成了同道，都是得到美国支持的所谓第三势力的"中国自由民主战斗同盟"的领导成员，张发奎给他留下了值得一读的评价：

可以作出结论，张国焘事实上不适合当领导人。为什么呢？他的私生活是腐化的。他喜欢打麻将，不关心其他的事。他说话不负责。他把家里女佣都列到《中国之声》的员工薪酬册中。谁也分得出这是他的私人开支，不属于公费。

张国焘不再出席同盟中央执委会的任何会议，但他也不辞职，因为他不想失去那份生活津贴。当同盟派宣铁吾——蒋先生昔日的追随者，曾任淞沪警备司令—与

| 林祖涵 |  徐特立 |  刘伯承 |  吴玉章 |  谭平山 |

朱其华于1927年年底写下的回忆录中评述的南进起义军干部

⑲ 朱其华：《1927年底回忆》，上海新新书局1933年版，第287页。

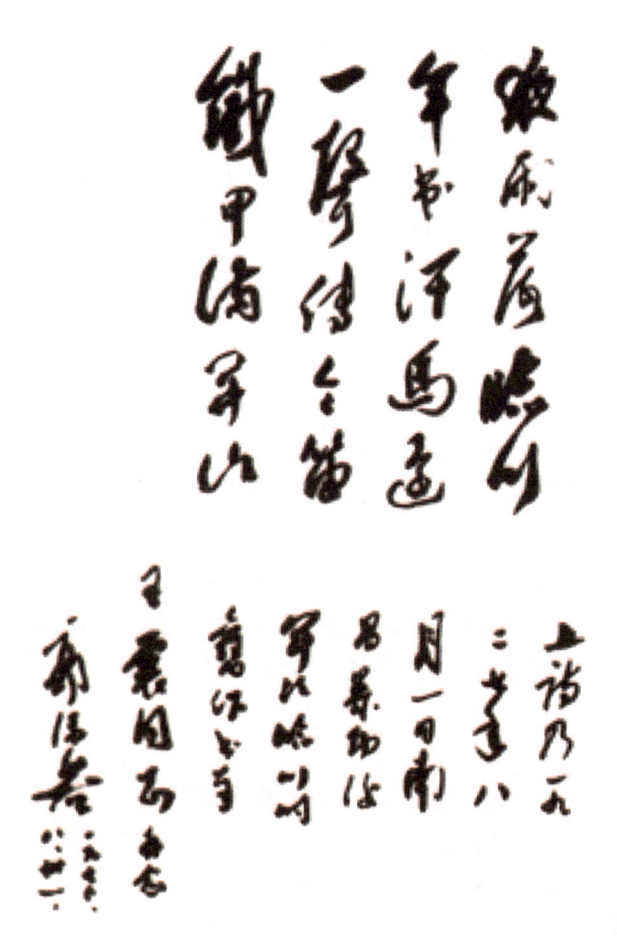

郭沫若临川诗作

我去他家里探望……要求他申述缺席的理由时，他直言他不想去开会。问他为何不请假，他说："有必要吗？"然后我们问："不是你自己起草同盟公约的吗？"他说："是的。"所以我们说："如果你自己不遵守公约，你怎能指望其他盟友去遵守呢？"他的答复是非常有趣的，他说："向华，为什么你把政治弄得这么严肃呢？"

张发奎的结论是："向张国焘告别时，我对宣铁吾说：'这就是为什么毛泽东成为毛泽东，而张国焘成为张国焘了。'很明显，张国焘是不适合充任中国共产党的领袖的。"[20]

可惜，张国焘没有机会读到这一评论，否则不知他该当作何感想。

当然，出身于北京大学的张国焘，其文才及组织能力依然得到很多人的认可，

---

[20]《张发奎回忆录选译》，《近代史资料》第107辑，中国社会科学出版社2003年版。

临川文昌大桥

他此前此后在中共获得的地位也都是累积于辛劳、汗水和能力之上。只是他那些大知识分子的文人气，在这些擅长行动的人眼中，确实不那么顺眼。

7日起，起义军陆续到达临川（今抚州）。这里距南昌已有百余公里。临川盛产才子，王安石、汤显祖人尽皆知。所谓金溪三陆（陆九韶、陆九龄、陆九渊），临川四王（王安石、王安国、王安礼、王雱），南丰七曾（曾巩、曾肇、曾布、曾纡、曾纮、曾协、曾敦），抚州八晏（晏殊、晏几道、晏颖、晏富、晏京、晏嵩、晏照、晏方）也赫赫有名。对起义军而言，更重要的是这里还是鱼米之乡，可以略解供应不足的问题："抚州是一个两三万人口的小镇。这里土地肥沃，物产丰富，盛产稻米，家家户户都有鱼池……我们连队有几个战士，因为芋头、西瓜吃得太多了，拉起肚子来，有

中国11世纪改革家、北宋宰相王安石

东方的莎士比亚、明代大戏剧家汤显祖

当年任第十四师教导大队党代表、1955年授少将军衔的李逸民

的竟拉得起不了床。"㉑ 李一氓多年后对这里的印象就是："离开南昌以后，经过抚州（临川）。那时候还是夏末，抚州还有很好的西瓜。"㉒ 在南方的大热天里，西瓜的确让人难以忘怀。

写下这段话的是1955年授少将军衔的李逸民，时任第二十四师教导大队第三队党代表。他1925年进黄埔军校第四期，和他同一期在1955年成为将帅的共有10人，分别是：肖克上将、倪志亮中将、唐天际中将、郭化若中将、洪水少将、曹广化少将、白天少将、方之中少将，当然还有一个人：十大元帅之三林彪。林彪当时的职务是第十一军二十五师七十三团连长，这个七十三团，前身就是叶挺独立团。该团的指导员正是在抚州赶上起义队伍的陈毅。

起义军能够在临川吃得拉肚子，不能不说到负责镇守抚州的杨如轩，即后来被称为"江西两只羊"的那只大羊。大羊杨如轩、小羊杨池生都是朱德在云南讲武堂的先后同学，学生时代也曾是热血青年，和朱德、范石生、唐淮源等组织过五华社，以互助互励、拯救中华为宗旨。

1927年初，朱德来到江西后，曾到抚州一带负责剿匪，驻扎在这里的就是杨如轩，两人少不了叙叙旧。杨如轩没有想到的是，突然间，两人就会从朋友变成对手，他后来谈到当时的状况：

7月31日，由抚州至南昌间的电讯突然中断。8月3日中午，朱培德的警卫团营长周右熙率步兵两营突然来到抚州，说南昌方面已发生兵变，他是率领所部突围出来的，兵变详细情况仍未明了。当天下午，突然接到朱德给我的一封亲笔信。此信是朱德派卢泽民由柴埠口送来给我的。朱德在信中告诉我，共产党在南昌已正式建立军队，并成立了以宋庆龄为首的革命委员会。信中用亲切的语言嘱咐我靠拢共产党走向革命道路，告诫我跟汪精卫、蒋介石、朱培德走是没有出路的；朱德在信中告诉我，南昌起义的队伍决定到广东建立新的革命根据地，望我到抚州柴埠口与他面商一切事宜。

朱德和我先后在云南讲武堂求学，在护国护法战役中，朱德任滇军的旅长，我在他的部下任团长，各方面曾得到他许多教益，我们的交情是很深的。然而我对共产党所领导的革命尚无认识，故在接到朱德的亲笔信后，虽有所考虑，但是却实在丢不下现在取得的地位，因此拒绝了随从他起义的要求，仅通知他，我愿意把驻抚

㉑ 李逸民：《南昌起义前后》，南昌八一纪念馆编《南昌起义》，第292页。
㉒ 《李一氓回忆录》，人民出版社2001年版，第88页。

州的部队移驻南城，让南昌起义的部队通过抚州后，我再回原防。[23]

杨如轩的避让举动，固然是因为"慑于革命声威，同时为了保全自己的实力"，但那时的人们对同窗和袍泽之谊还是看得很重的，因此也不能排除他这方面的考虑。以当时起义军的状况，如果杨如轩以逸待劳展开阻截，即使是骚扰几下，后果也不堪设想。

这可以说是朱德第一次发挥影响，帮助起义军免于危难。

临川停留的几天，部队得到一定的休息和整顿。政治上调整了部分不可靠的军官，以巩固革命力量的指挥权。为解决军饷问题，决定实施征发地主粮食、没收豪绅财产和对土豪劣绅罚款的新政策。12日，起义军进抵宜黄。周恩来指示总政治部起草《土地革命宣传大纲》，油印分发。肖克回忆他第一次打土豪的经历：

快到宁都的时候，一天，在路边十分显眼的地方，贴着一张革命委员会保卫处的布告，上面写着：离×里路的××地方，有一个叫××的大土豪，让部队自动去挑谷。布告落款处签着革命委员会保卫处处长李立三的名字。

这张布告给我的印象非常深刻。因为这是我入党后，第一次看到党公开号召打土豪的布告。在这之前，我们都是花钱买粮吃。那时，粮食并不难买。我们向一般农民买，也向豪绅地主买，一手交钱，一手交粮。虽说买卖公平，但总觉得有些不对劲儿……那天看到布告，我们精神极为振奋，大家兴高采烈地议论："这下好了，可以不交钱就去土豪家挑谷子了。这些谷子本来就是搜刮穷人的，

广昌　　　　　　　　　　　　　　宁都

[23] 杨如轩：《南昌起义后在赣西作战亲历》，《"围剿"边区革命根据地亲历记》，中国文史出版社1996年版，第4—5页。

早就该挑。"我觉得革命一下子变得离我那样近。[24]

打土豪固然让人精神振奋,不过,对于一支行动中的队伍而言,其实尚不具备真正开展土地革命的条件。正如吴玉章所说:"各地国民党,虽尽力寻得本地几人出来重新改组,但他们看得我军是要走的,只好敷衍对我们而已,各县县政府之组织是委员制,也是因我军过道是暂时的,除了我们自己派人主持一两日以外,其他寻得本地的几人,也是如办党的一样敷衍我们。"[25]

对于过山虎,人们抱着这样的心态实在太正常不过了,在这样的基础上,一窝蜂式的发动可能重蹈大革命时期运动的覆辙,要知道,后来土地革命的开展都是与根据地建设相辅进行的。

开展土地革命,需要对中国社会乃至各地的具体土地状况有一个清楚的了解,但当时在这方面做得还远远不够,远在数千里外的斯大林他们更是纸上谈兵。李立三就提到,南昌起义后,决定没收 200 亩以上大地主土地,但有人"沿途找到在军队中的广东农民讨论,有一个农民很痛快地答复说:'如果没收 200 亩以上的大地主,便是耕者无其田。'因为在广东 200 亩以上的大地主便是很少,除掉许多公田以外。这一句话把许多同志的脑筋都惊醒了。因此,到瑞金后前委会议遂决定改'没收 200 亩以上的大地主的土地'为'没收土地',不加亩数的限制"。[26]

李立三是一个明白人,但接下去的问题他未必就那么明白,土地革命是为了打击地主经济、保障农民利益,但"没收土地"这样的提法和做法却很可能使普通农民的利益也受到损害,事实上,后来土地革命中"左"的做法,和这样的说法就不无关系。但是,要在短时期内,让他们拿出一个行之有效的办法,也无异痴人说梦。固然,有些事不可能谋定而后动,但基本的条件和认知尚不具备,就要霸王硬上弓,那只能是盲干、瞎干。

周恩来不会赞成这样的做法。

多年来,南昌起义经常会被批评为对国民党还抱有幻想,没有尽早打起自己的旗帜。其实,如果注意到中国共产党还是一个年轻的政党,这样的问题出现实在也毫不足怪。当时中共在重大问题上都依赖莫斯科的决策,而直到 1927 年 8 月 12 日,莫斯科仍然强调:"我们的具体口号是与共产党人一起重建革命的国民党和在这样的国民党周围组建可靠的军队。要尽一切努力使国民党革命化和民主化。"[27] 毫无疑问,南昌起义贯彻执行的就是莫斯科的方针,而当时几乎不可想象能够离开莫斯科

---

[24]《萧克回忆录》,第 57—58 页。
[25] 吴玉章:《八一革命》,社会科学文献出版社 1991 年版,第 103 页。
[26]《李立三报告》,南昌八一纪念馆编《南昌起义》,第 89 页。

的指挥棒。

直到潮汕兵败前夕，9月下旬，斯大林才作出决定，改变共产党的方针，向建立苏维埃的方向迈进，在这一标志着政策重大转变的文件中，斯大林写道："左派国民党的思想确实遭到失败和存在新的革命高潮的情况下有必要建立苏维埃。显然，在具备这些条件的情况下应当着手建立苏维埃。建立苏维埃和扩大苏维埃地区的时机由共产国际执委会执行局和中共中央来决定。"[28]

斯大林的最后一句话引人注目地提到中共中央应该参加决策，在此之前，他是更愿意让中共中央充当莫斯科政策好的执行者的。也许是受到国内反对派要求检讨中国革命政策的压力，更重要的是失败的教训使他认识到各国革命道路的复杂性，太多的承担并不意味着好的结果，斯大林在决策上开始显示了一定的灵活性。斯大林认识的这种微妙变化，对日后中共的走向有着不可低估的影响。起码，在后来的中国革命指导中，我们更少看到斯大林在前台的直接指挥了。

不过，这一切，对南昌的起义军而言，都来得太晚了。

现实的问题是，南昌起义期间，土地革命的大旗还难以举起，军纪问题导致的恶果却逐渐显现，再加上一些恶意谣言的影响，民众对起义军产生恐惧心理，起义军所经之地，人民纷纷逃避。当起义军到达宜黄县城时，该县原有的近2万人口，跑得只剩下48个60岁左右的老人。饥渴的部队连食物和饮料都很难买到，只要有食物，不管能不能吃就拿来下肚，渴了就喝田沟里的污水，结果部队百病丛生、赤痢流行。

世上没有先知，区别只在于是否善于学习，一步一步做得更好。中国共产党从教训中提高自己，开始下力气整训军队。随着部队整顿的开展，军纪有了明显改善。这其中，像恽代英这样的干部发挥了重要作用。多年后，已经避居加拿大的张国焘仍然由衷地佩服着恽代英当时的举动：

光着头，赤着脚，在酷烈的太阳下前进。他的换洗衣服已丢掉了，身上穿的一套粗布军衣，弄得污秽破烂不堪，肩上搭着一条供各种用途的长布手巾，满身晒脱了皮，又黑又瘦，任何人看到他，都要叫他一声"甘地"。他这种作风，当然也有不少的追随者。这使一般士兵们大受感动，往往有人惊叹："那些大委员们，比我们更能吃苦些……"[29]

[27]《联共（布）中央政治局会议第120号（特字第98号）记录》，《联共（布）、共产国际与中国国民革命运动（1927—1931）》7，第22页。
[28]《联共（布）中央政治局会议第125号记录》，《联共（布）、共产国际与中国国民革命运动（1927—1931）》7，第88页。
[29]张国焘：《我的回忆》第2册，第314页。

言传身教就是最好的政治工作。

当部队逐渐向赣南挺进时，此前遇到的问题逐渐得到了解决。李立三报告，一路行军中"因病落伍兵士常被农民惨杀"，到赣南的"石城后才比较好些"。

"讨共第八路军"总指挥李济深 　　"讨共第八路军"副总指挥黄绍竑

8月18日，起义部队到达广昌，进入江西南部地区。

在广昌，周恩来开始发病，这时，他"权力很大，简直超过平山，一切都是由他发号施令"。他的病，对起义军当然不是一个好的消息。

好在这时他们已经挺进到了李立三所说"比较好些"的石城。在进入石城的路上，抬头可见一块很有意味的石牌楼，上面写着"渐入佳境"。

真的有渐入佳境的感觉，因为这里的居民全都没有跑，商店也没有关门，起义军终于可以获得补充的机会。

但是，对于事后的观史者而言，我们很清楚，起义军远远没有摆脱困境，而且更大的考验就在等着他们。

从抚州出发以来，起义军一路如入无人之境，他们基本是在和天气、环境、自己争斗，但随着向赣南的挺进，更大的危险正悄悄向起义军逼近。

早在南昌起义后不久，8月5日，张发奎就报告："本军二十四师张参谋处长由南昌逃回，据称叛军计划，五号由南昌开拔完毕，向抚州逃窜，限十六日到寻乌集中，向潮梅入寇，进取广州。"㉚对起义军的动向已有掌握。

宜黄 　　石城

㉚《张发奎八月五日电》，南昌八一起义纪念馆编《南昌起义》，第510页。

起义军的这一动向，对当时正控制广东的李济深威胁最大，因此，和张发奎、杨如轩等的无所作为、朱培德的消极尾追比，他行动远为积极。

北伐战争期间，李济深以国民革命军总参谋长兼第四军军长之尊留守广东大本营。随着革命形势的迅速发展，在广东继续扩充实力，拥有第十一、第二十三师和新编第一、第二师，原第五军1个师以及惠潮梅等地警卫部队共约六七个师的兵力。同时，桂系黄绍竑第七军1个师驻扎广东，范石生第十六军1个多师驻在粤北。广东可用来同起义军作战的总兵力约达三四万人。

为便于统一指挥，南京政府决定将上述各路合编为"讨共第八路军"，兵分三路，分别由黄绍竑、钱大钧、范石生指挥，准备在粤、赣边境全力堵截起义军，不使其进入广东。其中，钱大钧部是蒋的嫡系，受命参加堵截。第八路军总指挥为李济深，设总指挥部于韶关。黄绍竑为副总指挥，在前方代为指挥一切。

副总指挥黄绍竑是桂系除李宗仁、白崇禧之外的第三号人物，名声虽然不如他们两人响亮，却也非寻常之辈。在抗战末期写的《五十回忆》中，他对这一段国共分裂，有一个形象的比喻："在容共时代，共产党中人，对于革命的工作，不能说是不努力，然而国民党的同志，又何尝不努力？不过各有各的主张，各为各的目标而努力。中间有一时，虽然努力的目标，是完全趋于一致，但过了那个阶段，便又各干各的。好像一艘沿途搭客的船，同船的乘客，在某一段行程上，路线相同，但是过此之后，就分道扬镳，能够共同到达终点的人，却没有几个。"[31]

不能说黄的这个比喻完全没有道理，但分手以武力而告终，却不能不说是个悲剧，而在回忆录中写得通情达理的黄绍竑本人，当时也正是这个悲剧的主要参与者之一。作为"讨共军"的主要指挥官，他亲自率部从广东北上进入赣南，堵截起义军。

由于地理和历史的关系，赣南与广东联系密切，当地有所谓"无广不成圩"之谚。此时，也正处于两广势力控制之下。为防止朱培德部趁追击起义军之机进入赣南，李济深8月15日特电朱培德，警告："在敝军后方各机关未完全结束以前，请勿派兵前来，以免发生误会。"[32] 完全把赣南当作了自己的势力范围。

起义军和李部的较量，首先在瑞金爆发。

8月22日，贺龙率二十军为左纵队从广昌出发，计划和右纵队十一军在壬田会合后进占瑞金。距瑞金30里的壬田是起义军南下的必经之路，这里的烤炉豆腐远近闻名，用一炉子生起炭火，炭火上悬架一排扎好的竹子，把加味的豆腐排放在竹子里烤干，豆腐色泽金黄、鲜嫩，口感极好。起义军在这里没能吃上烤炉豆腐，倒是吃了第八路军右路总指挥钱大钧的豆腐。

---

[31] 黄绍竑：《五十回忆》，岳麓书社1999年版，第187页。
[32] 李济琛8月15日致朱培德电，北京《晨报》，1927年9月10日。

江西瑞金县城 1927 年 8 月 26 日，起义军在瑞金停留一星期，确定了经长汀、上杭去东江的行军路线

　　钱大钧部前哨驻于壬田，主力则分驻瑞金、会昌一线。同时，第八路军副总指挥兼前敌总指挥黄绍竑率领 2 个师从赣州兼程赶来。

　　25 日，二十军在壬田与钱大钧部 2 个团接触。起义军乘其立足未稳，猛打猛冲，几小时激战，钱部溃败，经瑞金逃往会昌，起义军一直追到"瑞金南门外宝塔高地一带"，并乘势进占瑞金。

　　和延安的宝塔比起来，瑞金这座塔较少为人所知，其实，它也同样见证了中国革命一段历史，只是政治的微妙因素，使它难以闪出光辉。作为文人的李一氓心细一些，他在回忆录中提到了这座塔："城附近几里路远的一座山上，有一座宝塔，无论你从哪个方向来，都能看到它，你也就知道到了瑞金了。靠近县城有一条绵水，由北到南流向会昌，城外有一座古老的石桥，从东到西跨在绵水上。"[33]

　　起义军进入瑞金的时候，也许没有人会想到，几年后，他们中的许多人又会来到瑞金，这个并不十分起眼的小县城竟会成为红色中国的首都。

　　和中原一带历史久远的县市比，这里建县都并不很早，唐代时置瑞金监，五代南唐时始改瑞金县。唯一让人觉得有些稀奇的是县名的来历，相传建制时曾从地下挖出金子，故称瑞金。

　　当时的起义军领导人甚至来不及多打量这个城镇，他们正急于浏览缴获的对方

[33]《李一氓回忆录》，第 139 页。

文件，从这些文件中，得知钱大钧、黄绍竑两部准备在会昌集结18个团。起义军领导人担心部队继续南下时，集结在会昌的强大敌人会从背后袭击。为免除后顾之忧，周恩来、贺龙、叶挺、刘伯承等都主张乘黄绍竑的部队没有赶到、兵力尚未集中之时，先击破会昌钱大钧部，再行南下。

当时，钱大钧部在会昌城东北地区、城西北的南山岭、城西的寨东一带以及环绕会昌城的贡水河岸构筑工事防守。起义军计划以叶挺指挥的十一军二十四、二十五师为右纵队，主攻会昌西北的山头阵地；朱德指挥的二十军第六团和教导团在左边担任助攻，进攻会昌东北高地；贺龙指挥的二十军一、二师为总预备队，位于瑞金附近，策应各方。

"讨共第八路军"右路军总指挥钱大钧

30日凌晨，战斗开始。起义军左右两翼按计划进攻，二十四师由洛口向会昌前进，接近会昌城西北，对方顽强抵抗。由于二十五师夜间急行军走岔了路，未能及时赶到，右翼兵力不足，形成僵持局面。钱大钧部注意力被吸引到原定为助攻的东北方向，其大部兵力压向三师，三师陷入困境。

三师六团、教导团与钱部4个团激战至中午，牺牲惨重，部队无力坚持，纷纷后退。钱部进逼到六团指挥所，在此指挥的朱德临危不惧，坚守不退，稳住了战局。

中午时分，二十五师终于赶到，立即投入战斗，战场形势迅速发生变化。起义军全线反攻，钱部溃不成军，伤亡、被俘数千人，残部3000人南逃。钱大钧仓皇而逃，所乘官轿也遗弃路边。阳翰笙回忆："我们冲进指挥部，看见钱大钧的办公桌上有一杯茶，我用手一摸，

瑞金县壬田战斗地 1927年8月25日，贺龙率领的第二十军，在距瑞金15公里的壬田，与敌钱大钧部队二个团遭遇，经激战，敌军向会昌方向溃退

110　革命：从南昌武装前行
Revolution: From the Nanchang Uprising

会昌县城

茶杯还是热的呢。"㉞ 就是这位钱大钧，后来其兄贪污被判死刑，去电蒋介石求免，蒋回电曰："兄是重要军人，不应保荐亲兄弟做此贪污之勾当，尚来电求情，是将欲陷中正于罪孽乎？"㉟

再后来，钱大钧抗战胜利后接收时，被人在名字上去了一点，变成了"钱大钓"，此时，蒋介石却只能睁一只眼，闭一只眼。

历史常常让人无言。

会昌一役，起义军虽然获胜，付出的代价也相当巨大，伤亡达1000多人，在全军人数中占了不小的比重。

多年后，陈毅谈及此役，欣慰中却也不无遗憾：

这时候我们如果乘胜追击钱大钧，是很好的机会。因为钱大钧垮了以后，广东仅仅剩下陈济棠，只有很少

起义部队进入瑞金后，敌军的优势兵力集中在会昌附近，试图对起义军南下广东进行堵截，为了解决敌军威胁，前委及参谋团决定发起会昌战役。1927年8月30日，会昌战斗打响

㉞ 阳翰笙：《参加南昌起义》，《新文学史料》，1985年第2期。
㉟ 蒋介石致钱大钧电，1933年12月10日，《蒋中正总统档案·事略稿本》第24册，台北国史馆2005年印行，第75页。

第二十五师师长周士第

的部队。桂系虽实力雄厚，但又不能不防张发奎，因张发奎和桂系有矛盾，他也正扬言要下广东。假若当时采用这个决定，虽未必能拿下广州，但把钱大钧全部歼灭，是极有可能的，局面会是不同的。

但当时我们经验少：追钱，又怕朱培德迫我之后，且岚山岭一仗有大约上千的伤员，这些伤员也没法处理。客观环境很艰苦的，这个地区没有革命基础，几十里路群众都跑得精光了。军中缺粮，饭吃不上，找不到人抬担架，困难是很多的。于是便决定返回瑞金，至长汀，在长汀下船到汕头。以为到了汕头有了海口，国际就可接济，一切就会好转，可以下广州，进行第二次北伐了。这个决定是个错误的决定，因为这个路很偏僻，山多林密，群众基础很差，走了一个多月，才到汕头。这一个多月给了反革命以充裕的时间，钱大钧补充好了，黄绍竑得到了喘息的机会，桂系和张发奎也联合起来了，于是得以从容的在潮汕一带集结强兵。㊱

值得一提的是，会昌战斗是国共战争中的第一场恶战。此役钱大钧部下级军官多为黄埔军校生，战斗两方许多人曾是同队同班同学，或同营同连战友。昔日手足，今成对手，官兵心理之沉痛，可以想见。

起义军攻打会昌时，桂系黄绍竑部的黄旭初师已前出至白鹅镇一带，距会昌很近。

9月2日，不知道钱大钧部已经败退的黄旭初稀里糊涂开到会昌，起义军刚刚打了胜仗，心情放松，也没有想到黄会撞上门来，结果双方打了一个意外的遭遇战。参加此役的肖克回忆：

就在我团返回会昌的第二天清晨，我们还在睡梦中，突然听到城西北山头打枪。大家一骨碌爬起来，各团在城西的一个小山上及附近集合，抢占阵地。

当时，二十军已撤回瑞金了，留

瑞金绵江中学，贺龙、郭沫若在绵江中学光荣加入中国共产党

㊱ 陈毅：《关于八一南昌起义》，《近代史研究》1981年第2期。

刘伯承制作的由南昌到广东的军事简表

在会昌的只有十一军的 2 个师。中午时，战斗全线打响。二十四师的 2 个团在两门山炮的掩护下，攻了四五个小时才将主阵地攻下来。

我营担任预备队，归二十五师师长周士第指挥。战斗打得最激烈的时候，周师长要我统一指挥二、四连，警戒右边的一座山头。我们随即登上这座山头，敌人也正来抢这个高地。我们一阵猛打，击退了敌人的进攻，又一鼓作气，追下山去，边追边打，一直到夜间八九点钟，占领了敌人的最后阵地。素以顽强著称的桂军黄绍竑部被我军打得丢盔弃甲，乘夜向珠兰埠方向退却。㊲

㊲《萧克回忆录》，第 61 页。

这次战役虽取得胜利，但也暴露了起义军轻敌、疏忽的问题，高语罕的批评虽然不那么中听，却值得一看：

我们同志负军事责任的，很少对于战略上战术上能以担得起指挥大部队作战的（刘伯承同志还好，但广东地形情势不熟悉）。比如当时名义上四个军长：十一军叶挺、二十军贺龙、十五军刘伯承、九军朱德，大致除了刘伯承同志之外，都犯了一个毛病——轻敌——疏忽。就说希夷同志吧，论他对于主义的认识，在几个军事同志中，要算最好的，但他那种疏忽的毛病，实在太危险了。所以会昌第二次战役，几乎在那时就完了。[38]

高语罕性格中不乏狂狷之气，1926 年 1 月国民党第二次全国代表大会上，高是共产党派在国民党内的党团书记，因他在会上放言高论，令蒋介石为之侧目，骂其为"段祺瑞"。实事求是地说，高对起义领导人的批评不无吹毛求疵之处，但也不完全是空穴来风。没有谁是天才，对于刚刚独当一面的共产党人来说，还需在战争中学习战争。

会昌战役后，9 月初，贺龙和郭沫若加入了共产党。

[38]《高语罕给中共中央的报告》，南昌八一纪念馆编《南昌起义》，第 130 页。

06

转进闽粤

8月31日，起义军指挥部在瑞金决定改变原来取道寻乌入东江的计划，改由汀州（今长汀）、上杭入东江。这主要是考虑到沿原路南下，对方知悉起义军路线，已在途中驻有重兵，而福建却是兵力空虚之地，行军阻力较小。另外，会昌一战下来，伤员很多，而由原路南下，需跨越山高路险的筠门岭，队伍中有七八百名伤员，行军困难。由于运输不便，给养也成问题。巧合的是，后来井冈山部队南下到赣南再进福建，也是想到福建兵力空虚这一特点。

此时，起义军"战斗兵只剩八千人。出发时共有二万一千人，十师哗变，去掉五千人，沿路疾病落伍及逃亡者不下七千人，瑞金、会昌之役损失千人"。[①] 幸好，接下来的行军中，起义军又补充了一些兵力。

9月5日，起义军先头部队到达长汀。"汀州是一个小市镇，有一两万人口。一条马路，两边都是商店，生意很兴隆"。[②] 在这里，周恩来向中共中央写报告，汇报离开南昌后的作战经过："总瑞金会昌两役，我军伤亡官兵，约近千数，子弹消耗亦多。本来沿途行军，因山路崎岖，给养困难，落伍逃亡重病之士兵，为数极多，经此两战。我虽胜敌，但兵员与子弹之缺乏，实成为入潮梅后必生之最大困难。"

关于下一步的行动，周恩来写道：

我方目的在先得潮汕海陆丰，建立工农政权。如情势许可，自以早取广州为佳，否则，在潮汕须一月余之整顿，子弹兵员之补充乃是最急……子弹及机关枪缺乏，请电知国际能于外埠装好货物，一俟汕头攻下，在十日内即能运至汕头方好。兵员之补充，需大量招募费，请向国际商借香港票或沪票四十万，此款如借得，请先集中于上海为要。[③]

国际的支持仍是起义军方面考虑的重点。

9月5日，起义军先头部队进至长汀。汀州福音医院院长、基督教徒傅连暲将

[①]《张国焘报告》，南昌八一纪念馆编《南昌起义》，第165页。
[②]李逸民：《南昌起义前后》，南昌八一纪念馆编《南昌起义》，第295页。
[③]《周恩来给中共中央的信》，南昌八一纪念馆编《南昌起义》，第76—77页。

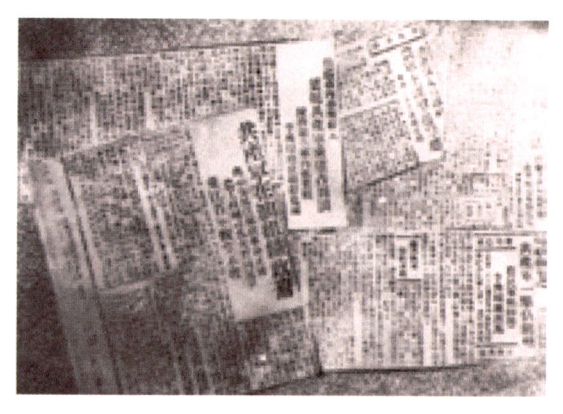

起义部队入闽粤的消息报道

汀州福音医院 起义部队到达长汀后，300多名伤员被送进福音医院

福建上杭南塔寺，1927年9月初，前委在上杭南塔寺召开会议，讨论革命政府纲领。同时，还召开了军队政治工作会议。

长汀驻地门楣上书写的标语——"革命者来"

300余名伤员接入医院。30年后，他回忆听到恽代英演讲的情景：

恽代英身材瘦小，精神却十分饱满，穿一身朴素的蓝布制服，颈项上系着鲜红的红领巾，戴着一副深度的近视眼镜，说起话来，声音响亮，充满感情，加上有力的手势，使听众们的情绪不由得被他紧紧抓着，和他一同悲愤、激昂。我的心也深深被他的革命激情所感动。

我怀着兴奋的心情回到医院里，把我们听到的、看到的全部告诉其他医生和护士们。他们也很激动。④

这种激情的感召确实很容易打动青年人的心灵，33岁的傅连暲早在和活跃于闽西的邓子恢等接触时，已经倾向革命，这次的经历更加深了他革命的信念。后来，他以一位医生的身份成为1955年授衔的解放军中将。

在长汀，前敌委员会会商攻取东江的计划。周恩来和叶挺主张：以主力军由三河坝经松口取梅县，再经兴宁、五华取惠州，以小部分军力（至多两团）趋潮汕。金冲及主编的《周恩来传》认为：这样做有两个好处："一是潮汕敌军兵力空虚，地势又无险可守，预计可不战而得；二是如果先以主力取潮汕，再折回来取兴宁、五华，攻惠州，就过于迂缓，使敌人有集中兵力、抢占有利地势以攻击我军的可能。"

第二十军苏联军事顾问纪功等人则坚持应以主力取潮汕，留一部分兵力于三河监视梅县之敌，再经揭阳出兴宁、五华取惠州。因为苏联顾问等坚持这个主张，加

④傅连暲：《南昌起义的伤员》，《南昌起义资料》，第283—284页。

上多数军官在艰苦行军后渴望早日攻占潮汕,部队既能得到休整,又能通过港口得到苏联援助,后一种主张被采纳。后来,由于有了中央苏区的参照系,有人提出第三种想法,即以瑞金、长汀一带为根据地,分兵略取潮汕东江地区。这个方案和后来中央苏区的实际控制区域相吻合,如果当时采用这一方案,中共早期历史真的不知道是不是会有另外一种写法。

不过对于此,刘伯承有自己的解释:

军事是根据政治决定的,由东江取广州是党于事前由政治上决定的,广东方面工作亦根据这一决定有相当之准备,所以无人提议及此问题以外的事,且在当时兵力太弱,迫切需要着在兵员补充,欲其速得,不能不望之联合于东江农军,故必速到东江。在事后看,就到漳州谁也难料敌人不立刻来福建作战,不过我们起初估量广东能调来东江与我作战敌军只有一万左右,这是失之于小,估量东江农民力量能积极地阻扰敌人,牵制其若干兵力,这是失之过大,都是我们的错误。⑤

陈赓

刘伯承这里谈到的军事、政治关系,十分精辟,值得论史者反复揣摩。

对于起义军的处境,在苏联红军参谋部9月14日召开的一次会议上,已经返回苏联的某些顾问们有清醒认识:"这支队伍迅速开往汕头地区并不意味着这支队伍强大,而意味着敌人不认为现在是发动攻势的有利时机。这支队伍去了大约12000人。当然,要占领广东,这么点人是相当危险的。"⑥

9月10日,阴历八月十五中秋,这是中国人的传统节日,无论今后怎样,这个节还是要过的。文强回忆他过节的情景:"我们走到汀州的时候,刚好是中秋。徐特立病了,陈赓(陈赓是黄埔第一期的)也病了。我到街上买了点儿月饼,到医院去看徐特立。徐特立讲:'陈赓也在这里呀,你只看我,陈赓怎么办呢?'我说:'那就把这点儿月饼分开嘛。'"

同样在月下,对着仲秋的明月,谭平山一扫平日的愁容,拣着烧饼歌中的两句念道:"手执钢刀九十九,杀尽胡儿才罢手。"他忽然若有所感:"九九八十一,正应在'八一'上面,我们的起义是一定会成功的。"⑦

此时,谭平山也许还不知道,就在前一天,毛泽东在湖南领导开展了秋收起义。

⑤刘伯承:《南昌暴动始末记》,《党史研究》,1980年第4期。
⑥《工农红军参谋部第四局关于南昌起义会议速记记录》,《联共(布)、共产国际与中国国民革命运动(1927—1931)》7,第54页。
⑦吴玉章:《第一次大革命的回忆》,《吴玉章回忆录》,中国青年出版社1978年版,第153页。

九九八一,这两个诞生中共军队的起义,竟然有如此的暗合,冥冥之中,莫非真有天意。

在长汀,周恩来读到过期的《申报》,才知道蒋介石已经下野,宁汉正在合流。

1927年初,当蒋介石与武汉政府间裂痕初显时,桂系与蒋介石合作,东下攻略浙、皖,底定宁、沪,随后又参加建立南京国民政府,成为南京政府的重要支柱。但桂系并不甘于久居蒋氏之下,宁、汉对立,蒋、汪叫阵,桂系实力派地位凸显,李、白开始与蒋同床异梦,双方分歧渐显。

和唐生智一样,李宗仁在北伐时期也是蒋介石的一个难缠对手。李宗仁1913年毕业于广西陆军速成学校。1916年夏,投护国军参加护国战争,此后迭有升迁,1920年初,已成为广西武装中一支不可忽视的力量。1924年5月,乘桂系军阀陆荣廷与沈鸿英在桂林交战之际,联合黄绍竑、白崇禧采取联沈攻陆,得手后再歼沈的策略,先击垮老桂系的实力派巨头陆荣廷,进占南宁。次年又讨伐沈鸿英,先后占领柳州、桂林等地,统一广西。老桂系由此寿终正寝,以李宗仁为首领的新桂系冉冉升起。

李宗仁祖上世代务农,本人也状貌不扬,但内心之精细其实非常人可比。做上新的广西王时,不过三十有四,他的得力伙伴白崇禧比他还小2岁。在民国史上,说到李宗仁,一般总会想到白崇禧,李、白并称,几不可分,而李宗仁之所以难缠,大半也和人称"小诸葛"的白崇禧密不可分。看看苏联顾问的回忆,就知道白崇禧的地位:

在中国的将领中,只有白崇禧行为放肆,甚至会见勃柳赫尔(加伦)时也是如此:半躺在扶手椅里,一只脚搭在椅子扶手上……白崇禧对待总司令更不拘礼节了:在会上公然把背转向他,到处走来走去,在蒋介石发言时大声讲话,或进行反驳。他对总司令的不友好态度尽人皆知,但因为他是中国将领中最懂军事

李宗仁 　　　　蒋介石 　　　　白崇禧

蒋介石第一次独斗李宗仁、白崇禧的结果是自己下野

的，因而受到重视。⑧

  蒋介石第一次独斗李、白的结果，便是他自己的下野。
  早在 1927 年 5 月中旬，李宗仁曾往武汉政府辖地江西湖口，与江西省政府主席朱培德会晤。据朱培德报告，李在会谈中表示："在党务方面，对于现在的纠纷，他不能负责。"表现出欲充当宁、汉两方之外第三者的姿态。汪精卫据此判断，宁方"内部已经起了分化的趋势"。⑨李氏的表态，较露骨地表现出其欲与蒋氏划清界限的态度。
  七八月间，汉方着手分共后，桂系与汉方各要员间更是信函往还，十分热络。7 月 13 日，白崇禧致函程潜表示："禧与德公及诸同志之所求者，惟在清党一事，其他一切问题，绝断无成见。"⑩在汉方以反蒋倒蒋为主要目标时，白氏此一表态进一步表明其与蒋之间的距离。当然，这一时期李、白虽竭力与蒋划清界限，向汉方暗递秋波，但在汉方态度尚不明朗、局势难以预料情况下，也不想公开与蒋决裂，不愿看到南京政权基础发生动摇。7 月 27 日，李、白及李济深、黄绍竑、陈可钰等粤、桂将领联合致电张发奎，针对汉方所谓"反共倒蒋"主张，强调"中外人皆知反共最有力者莫如蒋，今言反共而又倒蒋，其进退失据，不待智者而辨之"，指责武汉诸人"自非共产爪牙，何至为敌忌才，循声吠影"，⑪公开为蒋辩护。蒋、桂关系若即若离。
  8 月初南昌起义爆发后，汉方对中共实行武装镇压，双方进一步接近。此时蒋介石又兵败徐州，军威重挫，桂系认为时机已到，开始跃跃欲试，准备出来收拾局面。宁方由李宗仁领衔，致电汉方及冯玉祥等，邀武汉要人莅临南京，召开中央全会，解决党务问题。其致冯电中并表示："我军人同志请任潮辈坐镇南中，望孟潇等肃清中游，而中正随我公与百川等直捣幽燕，海内既定，即党国之进行不难矣。"⑫这数通电报，蒋虽参衔，但列名已居李、白之后，内容也明显反映着桂系的主张，致冯电中更显示出桂系指点江山的勃勃野心。
  宁方的形势变化，汉方自然心领神会。8 月 9 日，唐生智发出佳电，严厉指责蒋介石"自立政府，擅开会议，屠杀异己"，⑬对蒋穷追猛打。随后，汪精卫等致电李

---

⑧勃拉戈达托夫著、李辉译：《中国革命纪事（1925—1927）》，第 239 页。
⑨《中国国民党中央执行委员会政治委员会第二十一次会议速记记录》，《中国国民党第一、二次全国代表大会会议史料》下，第 1169 页；蒋永敬：《鲍罗庭与武汉政权》，台北传记文学出版社 1972 年版，第 427 页。前书所据原史料缺第一段，据后书所引史料补齐。
⑩黄嘉谟编《白崇禧将军北伐史料》，台北中研院近代史研究所 1994 年版，第 117 页。
⑪黄嘉谟编《白崇禧将军北伐史料》，第 120 页。
⑫黄嘉谟编《白崇禧将军北伐史料》，第 123 页。
⑬《唐总司令讨蒋讨共》，1927 年 8 月 10 日汉口《民国日报》。

宗仁，表示"个人负责问题"、"机关改组问题"，均可召开四中全会解决。⑭ 唐、汪两人一唱红脸、一唱白脸，中心意思是宁汉合作可以，但蒋必须下野，婉转向桂系发出驱蒋合作的信号。同年底，李宗仁也承认，此时"武汉方面派副军长叶琪为代表，与我接洽"，⑮ 汉、桂接触进入实质阶段。

军事不利，各方胁逼，蒋介石处境不妙，新编第一师第一团团长王仲廉回忆，他8月中旬从前线返回南京时，"见所有船只，均为第七军封用，不疑其他，入城到达鸡鹅巷办事处，大门不知何故已被李宗仁之军事特别委员会封闭……我驻京之第三营亦被缴械"。⑯ 桂系在宁势力之盛，可见一斑。内外交困之下，蒋介石决定退却下野。惯于谐噱的吴稚晖写得很生动：

8月11日开了中央党部会议，蒋介石先生要辞职，大家自然坚留，他先走，临了他说：我服从监察委员会……8月12日，听见他走了，于是又开政治会议，武装同志都说蒋先生要歇歇，照唐生智那种气势汹汹，我们两面受敌不了，蒋先生且歇一歇也好……人家面孔沉了下来，我们只好滚蛋了。⑰

蒋介石"滚蛋"，及随后的宁汉合流，对起义军没有什么太大的影响，因为此时他们已经远离宁汉间的区域，如果他们此时还在南昌一带，压力肯定就要大得多了。不过，蒋介石的短暂离开，究竟使国民党内失去了一个看得见的中心，此后，国民党内的混乱局面、宁汉合流后各政治势力间微妙的分化组合，对起义军的最终命运仍然有着重要影响。

离开长汀后，起义军沿汀江入上杭。汀江水激多险，张国焘记载的李立三下汀江一节，颇值一读：

他从长汀出发的时候，封了一百多条船，找了四百多个船夫，以便将他所率领的全部人员，都运到上杭来。他并未问明这条河的情况，也没有让那些船夫驾驶他们原来的船，便来一个统一分配。他心想年轻力壮的船夫，总比老年船夫更为得力，因此就将那些壮年船夫驾驶的船，分载负责干部和伤病干部。老弱船夫驾驶的船，

---

⑭《汪精卫为商谈宁汉合作致李宗仁电》，《革命文献》第17辑，中国国民党党史资料委员会出版，第147页。
⑮李宗仁：《畅谈党国纠纷之症结》，《广州事变与上海会议》下，三民图书馆1928年版，第118页。
⑯王仲廉：《征尘回忆》，台北煜洲印刷有限公司1978年印行，第38页。
⑰吴稚晖：《弱者之结语》，《算旧帐》，上海泰东书局1928年版，第76页。

装载次要人员和伤病兵。谁知这个做法完全错了，老船夫都是一些有经验的舵手，他们所驾驶的船都安然到了上杭，而那些壮年船夫所驾驶的船，大多出了事，损毁了。

这类不顾实况，任意采取行动的故事，当时是我们间意味深长的笑谈资料，也曾认为要引以为戒。可是人们包括我自己和李立三在内，并不容易从自己的过失中汲取宝贵的教训。⑱

1928年8月，在唐生智、汪精卫等政治势力胁逼下，加之军事失利，蒋介石被迫下野。此图系蒋介石（右1）下野时与黄埔军校学员合影

9月19日起，起义军先后进入广东大埔县以南的三河坝。三河坝位于大埔县西北，因梅江、汀江、梅潭河在此汇合流向韩江得名。这里四面都是崇山峻岭，三条江水奔腾汹涌，对岸有一座80多米高的笔枝尾山，形如鱼尾，山势险要，有一山镇三江之称，战略地位十分重要。1918年，孙中山因遭排挤，离粤赴沪时，专程到此劳军，这一段往事，蒋介石后来记述："回忆当时……世态炎凉，一般党人对革命的轻蔑，对总理的冷淡，真是不忍卒述。"⑲

根据长汀会议的决定，起义部队到达这里后，主力部队由周恩来、贺龙、叶挺、刘伯承率领，直奔潮州、汕头。朱德带领后续到达的第二十五师和第九军教育团共约4000人留守于此，监视钱大钧部，掩护主力攻取潮、汕。刘伯承报告："此时我军全体约一万零七百人（叶挺兵员约六千三百人，贺龙兵员约四千五百人），除叶挺之第二十五师约二千五百人尚在上杭途中外，到大埔与三河坝者全体约八千五百人，而战斗兵员只六千余人。"⑳

随队留在三河坝的陈毅日后认为：

三河坝分兵是个悲惨的决定。因叶挺十一军是全军的主力，把叶挺的部队拆散，也就等于把力量拆散了。

如果三河坝不分兵，我们一共有十三个团，而桂系加陈济棠可以集中的不过十七

---

⑱ 张国焘：《我的回忆》第2册，第317页。
⑲ 蒋介石：《本党革命的经过及成败的因果关系》，《先总统蒋公思想言论总集》第23卷，台北国民党中央党史委员会1984年版，第5页。
⑳ 刘伯承：《南昌暴动始末记》，《党史研究》，1980年第4期。

1927年9月23日起义部队进驻广东潮州，总指挥部设在潮州涵碧楼

1927年9月24日，起义部队主力进入汕头，领导机关设在大埔会馆

个团，力量差不多。我们战斗力强于他们，一定可以击破他们。三河坝一分兵，反革命就以钱大钧牵制朱周部，集中力量全力对付叶、贺。㉑

在三河坝，还有一个小小的插曲。由于队伍拖得较长，当张国焘率领的革命委员会各机关到达三河坝时，起义军的主力已经远在300里外的潮汕；而李立三、周士第所带的队伍，还在上杭一带，尚须两三天才能赶到。孤悬于此的张国焘等面临着四面受敌的境地：驻在梅县的黄绍竑部一团已达离三河坝只有30里的淞口，三河坝的周围一些民团虎视眈眈，三河坝镇内还有一支地主武装潜伏，准备做黄部的内应。

关键时候，队伍内的朱德和彭湃发挥了特殊的作用，朱德以第九军军长名义，向淞口方面派出警戒，并封锁消息，不让对方知道虚实；彭湃负责解决镇上的民团，很快控制了整个三河坝，张国焘因为长得肥胖，扮演首领的角色，与镇上的绅商酬酢，故作

广东大埔县三河坝 贺龙、叶挺率部向潮汕进军后，朱德率第九军第二十五师及当地农军据守三河坝

㉑陈毅：《关于八一南昌起义》，《近代史研究》1981年第2期。

闲逸之状。城里摆出了空城计。

也许是这一段经历实在惊险、刺激，多年后张国焘仍然清楚记得当年的细节："朱德所带的那一排人，在离三河坝八华里的地方，即与黄绍竑的先头部队接触。黄部似尚不知我们的虚实，向淞口方面退却。朱德乘势派出八个兵，对敌作虚张声势的追击。朱德本人，则奔走于三河坝与前线之间，摆出军长的架子，吓唬那些乡下人。"㉒

朱德的胆略，在这时，已经逐渐显现出来。

9月23日，起义军主力进入潮安（潮州）。24日，控制汕头。汕头是起义军南下的重要目的地，是广东东部的主要海口城市。起义军占领汕头后，成立市革命委员会，赖先声为委员长，郭沫若为海关监督和交涉使，彭湃为东江工农讨逆军总指挥。市内遍贴"实行土地革命，耕者有其田"的标语。开始没收50亩以上地主的土地，捉拿土豪劣绅。更重要的，他们在这里翘首以盼，等待取得国际的接济。

起义军在三河坝田家祠堂上书写的标语"誓死杀敌"（上）
起义军用过的行军锅（下）

起义军对共产国际援助的期盼十分殷切。8月下旬，周恩来在致中共中央信中期望"国际能于外埠装好货物，一俟汕头攻下，在十日内即能运到汕头"。㉓ 打下汀州的第二天，革命委员会的广西代表陈居玺按照周恩来的指示，携带请苏联速运武器到汕头的密件前往上海。9月27日，张太雷致中共中央紧急信谈到："汕头帝国主义兵舰在汕有五只……汕头口岸甚小甚危险。敌军舰常在海口检查，请注意，并通知毛子。"㉔

张太雷所说的"毛子"，就是指的国际方面，当时中共党内，对苏联人都习惯使用这个称呼。

那么"毛子"们是否准备好了为起义军提供接济呢？

从共产国际方面材料看，这样的计划确实存在，正如我们前面已经说

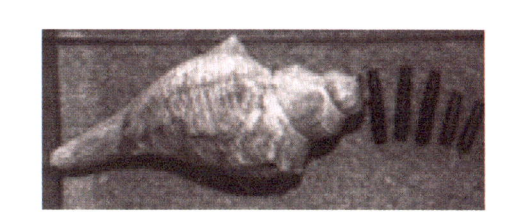

起义军和农军在三河坝战役中遗留的子弹壳、海螺

㉒ 张国焘：《我的回忆》第2册，第319页。
㉓ 《周恩来给中共中央的信》，南昌八一纪念馆编《南昌起义》，第77页。
㉔ 《张太雷致中共中央紧急信》，南昌八一纪念馆编《南昌起义》，第78—79页。

八一起义军三河坝战役烈士纪念碑，1963年广东省大埔县兴建、朱德题写碑名，三河坝战役时任第二十五师师长的周士弟撰写碑文

到的，苏联方面按加伦的要求，提供了一个军的武器装备，计划"拨给 1500 支步枪、1000 万发子弹、30 挺机关枪和 4 门山炮，带 2000 发炮弹，总金额 110 万卢布。"当然，考虑到运送装备可能遇到的国际压力，8 月 11 日召开的联共（布）中央政治局会议强调，必须经过联共（布）中央政治局批准才可"开始将货物运往海参崴"。㉕ 8 月 25 日，联共（布）中央政治局会议决定："在海参崴集中 500 万发步枪子弹和 1000 万发炮弹。"㉖ 显然，苏联方面已经决定将货物启运。

但是，这批装备此后就没有下文。为什么准备的武器装备没有运到汕头，至今众说纷纭，仍然没有一个准确的答案，不过，苏联方面对西方压力的顾虑，列强军舰对汕头海面的封锁肯定都是重要原因。

苏联方面援助的落空，对起义军的士气无疑是一个重大的打击。

新任中共广东省委书记张太雷这时赶到汕头，传达八七会议的精神，要求取消起义军原来所用的"国民党革命委员会"名义，改为苏维埃，将军队开赴海陆丰，会合当地农民武装，改组为工农红军。张太雷当然是传达中央的意思，但他居高临下的一通议论听在已经筋疲力尽的人们耳里，仍然不免刺激。后来在 10 月中旬召开的南方局会议上，他作报告时，对汕头一行观感并不良好：

到了汕头，更是沉寂，其情形闻之便要下泪，什么宣传、筹款打反动派，一概没有甚么，闻说曾召集了一个大会，标语传单不多。见警察就跑了，我们不知把工农分子去代替，反去找回旧的，始有人站岗。至兵舰陆战队上岸那天，警察竟为内应，我们对警察还这样不忍杀戮，甚而至公安局的名义都不肯改为政治保卫局，这虽然很小的事情，亦足见他们保守观念太深。

㉕《联共（布）中央政治局会议第 119 号（特字第 97 号）记录》，《联共（布）、共产国际与中国国民革命运动（1927—1931）》7，第 16 页。
㉖《联共（布）中央政治局会议第 121 号（特字第 99 号）记录》，《联共（布）、共产国际与中国国民革命运动（1927—1931）》7，第 24 页。

张太雷的报告是在中共中央对南昌起义已经作出不好定性时所作，不能排除这其中有随大流的成分。比如他在报告中明确鼓动："我们现在要放胆去干，不应像以前太规矩，要平民式的干，不要有仁慈，打破好人的观念，对土豪应该乱杀，绝对不要恐怕冤枉了。"㉗ 这明显是瞿秋白中央盲动政策的反映。

而且，起义军刚到汕头，要立即改变汕头局面也不现实。所以，当张太雷抱怨前委时，李立三却也在诉说心中的失望："我们想象中的汕头，工人运动一定很发展，工人的斗争一定很厉害。因为在省港罢工时经过很长期的斗争。但是到了汕头，表现得非常之弱。我们预备将以前的警察完全取消，因为完全是压迫阶级的工具，组织五百工人义勇队来代替他。经过三天的号召仅得七十余人，并且都不甚愿意，因为饷项睡食等等都不如意。"㉘ 可见，如果不是谁都会的盲目乱杀一通，实际开展工作总是比指手画脚容易。

要真正控制一块地区，起义军领导力量也不充足。后人谈到，当时起义军领导层，张国焘"深居简出，不接近群众，颇觉神秘。谭平山为南昌起义事与张国焘矛盾甚大，沿途随贺部行军，少有活动，也无多见解。李立三似担任政治保卫工作，沿途也不见有何表现，但沿途总算无事。比较深知潮汕和东江一带情况的应只有周恩来和彭湃二位。谭平山虽曾在广东负党重任，实极颟顸，彭湃同志以海陆丰农运知名，但对整个东江情况如何，本人不知其究竟，唯有周恩来同志在1925－1926东征时任党政军重责，先后在东江约近一年，因此党群工作除周恩来同志外，唯恃彭湃"。㉙ 在军事领导人中，苏联顾问还注意到："贺龙和叶挺之间有点摩擦。"㉚

糟糕的是，起义的核心人物周恩来这时又病得越来越重，随时有倒下的可能，更使原来就脆弱的起义军领导层雪上加霜。

最大的问题还在于，起义军对汕头的占领并不牢固，随时有被颠覆的可能。

起义军向潮汕一带的进军几乎是在没有抵抗的情况下完成的，之所以如此，和李济深9月11日制定的作战计划不无关系。在这一计划中，他明确要求："本路军决于九月二十五日以前，集结各军于松口、梅县、畲坑之线，乘敌深入一举而歼灭之。"㉛ 为此，将所部编为左、中、右、东四路军，分路对起义军展开夹击。

李济深的具体部署是：陈济棠第十一师、徐景唐第十三师和薛岳的新编第二师，编成东路军，陈济棠任总指挥，出广州，向粤东推进，与王俊的警备旅会合，乘起义军直入潮汕之机，抢占作为潮汕屏障的揭阳、汤坑一带的有利阵地；黄绍竑率第

㉗《张太雷报告》，南昌八一纪念馆编《南昌起义》，第98—99页。
㉘《李立三报告》，南昌八一纪念馆编《南昌起义》，第93页。
㉙陈公培：《起义军在普宁》，《南昌起义资料》，第355页。
㉚《工农红军参谋部第四局关于南昌起义会议速记记录》，《联共（布）、共产国际与中国国民革命运动（1927—1931）》7，第62页。
㉛《第八路军总指挥部作战电令》，南昌八一纪念馆编《南昌起义》，第521页。

广东普宁乌石圩 1927 年 10 月 3 日，起义部队在乌石圩遭敌陈济棠部袭击

七军四、六师于粤北渡过韩江上游，绕向潮汕后方，经淞口、三河坝以饶平为目标；钱大钧部留在梅县以东的淞口镇，监视并牵制留守三河坝的起义军。

这是一个三面合围的计划，空着的一面是大海。

对即将到来的大战，起义军没有足够的警惕，也许在江西的顺利让他们过于轻视对手，没有想到过境和坐地对地方实力派所具的完全不同意义。由于军事情报工作的不足，他们误以为正面杀来的部队只有千余人，将能调赴前方的第十一军第二十四师和第二十军第一、二两师合计约 6000 人开往前线应战，第二十军第三师约千人留守潮汕。

情报方面的失误，参谋长刘伯承后来曾作出解释："说到对敌谍报勤务，由上海派到广东去的同志不少，望他们陆续迎头报告，结果我军到汕头没有一个人回来。又广昌派作谍察同志领了钱未去，也不来说明未去的理由，结果查出来不加处罚，党的纪律不严，谍报亦等于零，这尤是我们军事上的缺点。"[32]

另外，起义军 24 日就已进入汕头，却对周边地区要地疏于防御。吴玉章指出："武装同志大多数感两月长途困苦，一见繁华的潮汕，不免有流连休息筹款给兵之表现。非同志之表现尤为不好，怠慢迟延，本可二十四日集中揭阳者（潮安距揭阳七十里），竟至二十七日尚未完全集中，这是使我军遭大大失败的罪过。"[33]

28 日，占领汕头 4 天后，起义军开始向揭阳北部汤坑地区的敌军攻击前进。此时国民党军已控制这一地区，居高临下。起义军一路仰攻，先击破了王俊的警备旅。29 日晨又发起强攻，夺取薛岳新编第二师控制的一片山地。这时在战地上拾得敌军计划，方获知对方后续兵力远较预计为多。同时，陈济棠部第十一师赶到，扼守高山，迫击起义部队。起义军连续苦战三昼夜，疲惫不堪，虽然歼敌 3000，本身伤亡官兵也达兵力的 1/3，"二十四师之下级干部伤亡殆尽"，无力再战。30 日凌晨，精疲力尽的起义军被迫撤回揭阳。

参加作战的肖克回忆：

敌人相当强，兵力数倍于我，又做了工事，易守难攻。敌人火力压得我们抬不起头，

[32] 刘伯承：《南昌暴动始末记》，《党史研究》，1980 年第 4 期。
[33] 吴玉章：《八一革命》，第 105 页。

连叶挺的指挥部都转移了好几个地方。

　　这是一场罕见的恶仗。从天亮打到黄昏，你攻过来，我攻过去，拉锯似地相互冲锋，双方伤亡都很大，但谁也攻不动对方的主要阵地……

　　吃过晚饭，天还没有完全黑，敌人阵地上的枪声稀疏了。叶挺军长又调二十四师夜袭敌营，敌人早已在白天我军攻击的地方加修了工事，我们没有攻动，只好撤下来。那晚，又在阵地上露营。第二天一早全线撤退。㉞

　　汤坑之战，目睹起义军的惨痛损失，郭沫若太息以对：

　　楼台倒映涵虚碧，旗帜高扬似火燃。

　　一夕汤坑书附羽，千秋英烈血喷烟。

　　郭沫若的沉痛，当时在海关任郭沫若秘书长的徐名鸿更刻骨铭心，因为他就是汤坑人。作为十一军政治部主任，他一路跟随起义军来到老家，却在家门口遭遇惨败，近乡情怯，何颜见人。起义军溃散后，徐名鸿脱党。直到1933年以十九路军总部秘书长身份来到瑞金，见到当年许多的老同事，商谈十九路军与中共合作。

　　十九路军反蒋失败后，徐名鸿再次遭遇陈济棠，被陈部逮捕，7天后遇害。他在遗书中写道："我死之后，归葬汤坑，墓碑幸请蔡廷锴先生书之，碑曰'社会主义者徐名鸿之墓'，我愿足矣！"

　　汤坑，见证了一个社会主义者的生和死，其他的许许多多，又怎可一言道尽。山林寂寂，清风无语，唯见日升日落，潮起潮散。

　　当起义军主力正同陈济棠部苦战时，黄绍竑部已绕道插入起义军后背，30日突然沿韩江西岸向潮州发起袭击。起义军留守潮州的是第二十军第三师的教导团一部，约1000人，都是新参军、缺乏训练的学生，其中包括将近1/3的伤病员。来犯部队有9000之众，兵力悬殊。该师代理参谋长苏文钦回忆："当日下午三时左右，我第一

普宁流沙教堂 潮汕失利后，1927年10月3日，中共前敌委员会在普宁流沙教堂召开最后一次会议，周恩来根据八七会议精神，作出了起义军和干部的转移部署

㉞《萧克回忆录》，第66—67页。

线部队与敌短兵相接，敌我双方喊杀声震天。周团长电话告急：'我团伤亡惨重，预备队已全部用完。敌人不断增加，敌众我寡，很难继续坚持下去！'话还未完，忽闻我师部背后山上有枪声，且越来越密。顷刻，我师部官兵处于枪林弹雨之下。"㉟

紧急之下，周逸群等率师部官兵一边抵抗，一边转移，周逸群、苏文钦持手枪冲杀，突出城外，潮州失守。周逸群、苏文钦各自冲出城后，两人第二天早上在城外邂逅。苏文钦因逃亡途中曾被枪击中裤裆，周逸群脱下身穿的两条裤子中的一条给苏穿上，一起离粤北上，去往上海。

这一段攻其不备的经历，在黄绍竑戎马生涯中堪称经典，其《五十回忆》对此津津乐道：

我于计划商定后，即由梅县出发，这完全是一条山僻樵径，平时很少有人行走。由上罗衣至下罗衣中间四五十里，都是崎岖险峻的山岭。加以风雨载途，人马拥挤，堕崖伤毙者，时有发现。由梅县到丰顺县城地图上的距离，虽为九十里，直到次日黄昏，始达到。当晚在岭上露宿了一夜，实为我生平作战最艰苦的一次。到丰顺后，次日即东向进攻留隍圩。预料叶、贺对此要点，必留兵据守，不意到达时，阒无一人。我仍将水路阻绝，以断其交通……次日拂晓，即沿韩江右岸急进，于十二时左右，即到达潮州附近。㊱

潮州失守后，汕头前临海，后有敌，兵力空虚，处境非常危险。周恩来与刘伯承等商量，决定于10月1日向普宁撤退。10月3日，抱病中的周恩来等率革命委员会、总指挥部机关和从前线撤下的主力部队在普宁县流沙镇会合。在流沙天后庙里，召开最后决策会议。参加会议的包括周恩来、李立三、恽代英、彭湃、张国焘、贺龙、叶挺、刘伯承、聂荣臻、郭沫若、吴玉章、林伯渠、廖乾吾、贺昌、张曙时、彭泽民等。会议从政治军事上总结了战事失败的原因教训，同时决定贯彻执行中共中央的命令：重要干部和文职人员经海路撤离，武装人员经云落北去，与当地农民运动结合，坚持长期斗争。

部队离开流沙后，因为大路已被敌军占据，只能排着长列，沿乡间小路转移。行约10里到达莲花山。这是一个三面环山的小盆地，地势险要。第二十军的第一、二师刚越过这里，陈济棠的主力第十一师从乌石赶到，将起义军拦腰切断，并据险对后续的总指挥部和第二十四师猛烈伏击。被阻断在后的二十四师因连日苦战，死伤惨重，军心动摇，几乎没有经过像样的抵抗就被打散，贺龙、叶挺等指挥官仅以身免。第二十军的第一、二师也因群龙无首或降或散。

㉟ 苏文钦：《潮汕作战失败纪实》，南昌八一纪念馆编《南昌起义》，第460页。
㊱ 黄绍竑：《五十回忆》，第191页。

周恩来在流沙时已经病得很重，身染疟疾，发着高烧，连稀粥都喝不下，躺在担架上，跟在队伍的最后面。张国焘回忆，当他劝周恩来离开部队治病时，周恩来坚决表示："我的病不要紧，能支撑得住。我不能脱离部队，准备到海陆丰去，扯起苏维埃的旗帜来！你们快走吧！"

部队溃散后，周恩来身边仅剩叶挺、聂荣臻等数人，他们只有一支小手枪，无力自保。幸运的是，他们通过地方党的负责人杨石魂找到一条船。

数十年后，聂荣臻元帅还清楚记得：

那条船，实在太小，真是一叶扁舟。我们四个人——恩来、叶挺、我和杨石魂，再加上船工，把小船挤得满满的。我们把恩来安排在舱里躺下，舱里再也挤不下第二个人。我们三人和那位船工只好挤在舱面上。船太小，舱面没多少地方，风浪又大，小船摇晃得厉害，站不稳，甚至也坐不稳。我就用绳子把身体拴到桅杆上，以免被晃到海里去。这段行程相当艰难，在茫茫大海中颠簸搏斗了两天一夜，好不容易才到了香港。[37]

在这样的时候，留得青山在，不怕没柴烧，起义领导人不约而同都作出了同样的选择。贺龙则与刘伯承、林伯渠、吴玉章、彭湃夫妇等一起到达陆丰县，从神泉港乘船经香港转赴上海。中共中央在10月12日给南方局发去的电报中指示："从前线溃散之同志，南局应即在香港、厦门、汕头等处设一招待所招待他们，费用由各国际代表给予你们的款项中支用……现尚在前敌负重要工作的同志，无必要留在前敌时，须一律设法回沪。"[38]

10月中下旬，周恩来在九龙油麻地广东道住所养病。11月上旬，从九龙乘船到达上海。

随着周恩来的离去，这位领导中共打响第一枪的年轻人，没有继续续写他在军队中的传奇，命运对于周恩来而言，似乎更偏向于让他成为总管家而不是战场上的斗士。有时，历史、性格的宿命真是比人强，翻开中国历史可以看到，绝顶聪明的诸葛亮不也不得不承受六出祁山的功败垂成。

1927年11月14日中共中央通过《政治纪律决议案》，处分一系列人员，其中关涉南昌起义者有：

[37]《聂荣臻回忆录》上，第74页。
[38]《中共中央致广东省委函》，南昌八一纪念馆编《南昌起义》，第54页。

一、谭平山同志自第五次大会后担任国民政府农民部长一直到南昌暴动前后的行动与主张，完全反对土地革命的政策。其行动更多离开党而自由行动……及至九江南昌更充分发展其个人行动，在九江因为他和贺龙谈话之投机和贺可反张，便在负责同志会议中，鼓动不管中央不管党而自干的反党空气，至南昌仍继续其第三党的宣传，在同志中在国民党员中；其后在革命委员会中更争先做而后通知或径不通知前委的举动，其于屠杀豪绅和没收〈土地〉等政策，亦时妨碍其行动，这些表示都是违背本党组织的行动，应即开除党籍。

二、张国涛〈焘〉同志受中央常委委托赴南昌指导暴动，但国涛〈焘〉同志到九江南昌后不执行中央命令，反怀疑暴动主张，甚至反对暴动，南昌事变以后主张联络张发奎，并反对没收一切土地的政纲，这些违抗中央政策和派其往前敌指导使命之结果，反给前敌同志以更坏更右的影响，前委亦因之更加摇动。国涛〈焘〉同志应开除临时政治局候补委员，中央执行委员会委员资格。

三、这次前委指导做出极大的错误，前委全体同志应予以警告。

四、徐光英同志在汕任公安局长时，取缔工人擅自逮捕并杀乘机抢劫贫民三人，应处以留党察看一年之处分。

五、南方局广东省委指导农民暴动的错误，在于不了解土地问题策略的口号，不发动群众而只有军事行动，应全体予以警告。㊴

中共中央的处理，显然失之于苛，就在处理南昌起义有关人员时，秋收起义领导人也受到严厉处分："湖南省委委员彭公达、毛泽东、易礼容、夏明翰，应撤销其现在省委委员资格，彭公达同志应开除其中央政治局候补委员资格，并留党察看半年。毛泽东同志为'八七'紧急会议后中央派赴湖南改组省委执行中央秋暴政策的特派员，事实上为湖南省委的中心，湖南省委所作的错误毛同志应负严重的责任，应予开除中央临时政治局候补委员。"

显然，中共中央的判断使这两次起义都遭到失败，这是对失败者的惩罚，或许，就文件下达时而言，他们的看法未必完全没有根据，但这两次起义后走出来的路，证明他们的结论未免下得早了一些。虽然中共中央在文件中说了许许多多，似乎只要按照他们事后诸葛的结论就可以避免潮汕兵败的结局，但仔细读来，

"讨共第八路军"东路军总指挥陈济棠

㊴《政治纪律决议案》，《中央通讯》第13期《中央临时政治局扩大会议特号》，1927年11月30日。

广东海丰县苏维埃地址——红宫 1927 年 10 月 7 日，由乌石圩突围的起义军第二十四师在董朗、颜昌颐率领下到达海陆丰，建立海丰县苏维埃政府

甲子港 潮汕战败后，部分起义领导人分别从甲子港、神泉港、全厢港乘船出海，向香港、上海等地转移

其实多是一厢情愿的批评。如他们批评起义军"不走农民运动较有基础的赣西直入广东的路，而只顾避免敌人攻击，采取农民运动完全没有起来的赣东荒凉道路"，其实，这两条道路孰优孰劣很难说清，以江西当时的民众基础和农运状况，赣东和赣西不存在本质的区别。即使是农民运动发达的东江地区，起义军一路走来也是"大失所望"，"所经大埔、三河坝、高陂、留〔溜〕隍、潮州、汕头等处，工农势力均极弱"。至于他们批评起义军"对于豪绅资产阶级没有采取屠杀并摧毁其一切政治社会组织完全没收其武装的策略，及沿用军阀'不扰民'的观念，枪毙了乘机抢掠的贫民"，则更是大有商榷的余地。

所谓"枪毙了乘机抢掠的贫民"，是指汕头公安局长徐光英下令枪毙 3 位乘乱抢劫百姓者，正因此，徐光英和谭平山、张国焘一起，被中共中央点名处理。徐光英这个名字，不为人们所熟悉，但在中共早期暴动史上，还是个值得一提的人物。他是第三次上海工人武装起义时的暴动指挥部五成员之一（其他四人是周恩来、赵世炎、顾顺章、侯镜如），南昌起义时任第二十四师参谋长，广州起义时任暴动军总参谋长。后因脱党，长期湮没无闻。

应该说，对枪毙抢劫者的批评和要求屠杀地主一样，都是当时冒险政策的反映。其实，起义军面对汕头一度出现的失控局面，反应已是相当温和，处理个别人也是不得已而为之，革命并不是不需要秩序。

人们总是喜欢对自己并不一定了解的事指手画脚，事后诸葛几乎是人的天性。不要说是当时的瞿秋白中央，多少年后的现在，人们不还在喋喋不休地说着南昌起义的所谓种种"错误"吗？

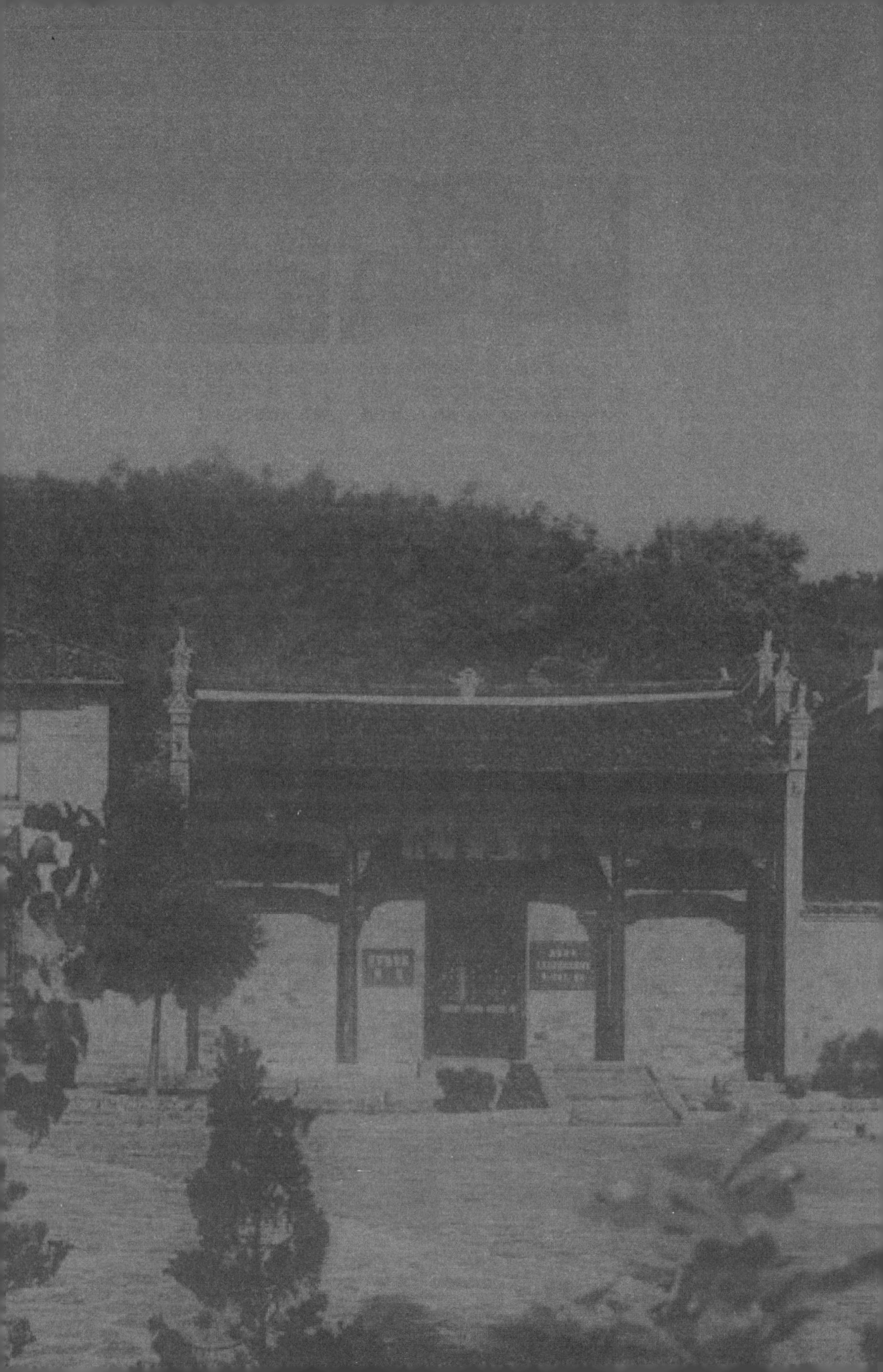

07 挺起的脊梁

潮汕兵败，周恩来等的淡出，将机会留给了天生就是军人的朱德。

当起义军在潮汕兵败时，三河坝的留守部队也遭遇强大进攻。

10月1日，面对即将到来的大战，朱德和二十五师师长周士第、党代表李硕勋等观察了三河坝的地形，决定把部队转移到三河坝对岸的东文部、笔枝尾山、龙虎坑、下村一带布防，连夜构筑工事。

当年参加三河坝战斗的第七十五团团长廖运周，多年后仍清楚记得当年的场景：

第二天午后，朱德在河滩竹林旁边，召集全师官兵讲话。他和士兵一样，背着小斗笠，穿着短裤和草鞋，给人一种非常温厚和朴实的感觉。朱德同志动员我们：要坚守三河坝，牵制敌人兵力，为向海陆丰进军的我军创造有利条件（当时我军已占领了潮汕）。同时他指出：我军绝大部分都是农民出身，革命的军队必须与农民结合，才能取得革命胜利。他号召我们要发扬会昌歼敌的精神，保持铁军的荣誉，战胜来犯敌人。①

在会昌城被打败的钱大钧部，趁起义部队从瑞金折道长汀翻越武夷山南下广东的时机，收集残兵败将，补充新兵，增强援军，向留守在三河坝的二十五师发起攻击。

10月1日夜半时分，钱大钧率经过补充的3个师10个团约2万人进至韩江边，已有准备的起义军挫败了钱部的偷渡。

次日，钱部又连续发起了几次进攻，均无功而退。

3日拂晓，韩江江面上浓雾沉沉。钱大钧趁机调集大量渡船，以强大火力掩护部队分多路强渡。起义军奋战一天，未能击退敌人，夜幕落下时，已陷入对方的重兵包围中。为保存实力，起义军决定撤出战斗，迅速转移，拟经百侯圩、饶平到潮汕与主力军会合。周士第后来回忆道：

三河坝战斗进行的时候，我们还不知潮汕已经失守，起义军主力已经失败。我们当

---

①廖运周：《回忆南昌起义前后的七十五团》，南昌八一纪念馆编《南昌起义》，第328页。

朱德　　　　　　周士第　　　　　　李硕勋

坚守三河坝，为向海陆丰转移的起义军创造有利条件的朱德、周士第、李硕勋

时认为守住这个地区对主力作战有利，因此坚持与兵力超过我们许多倍的敌人作战。激战三天三夜后，东文部、笔枝尾山都被敌人占领，我们已处于绝对优势敌人的三面包围之中，于是就决定退出战斗，拟经百侯圩、饶平到潮汕与主力军会合。②

5日晨，正准备南下与主力会合的他们果然遇见了主力部队，但这只是从潮安退下来的一小部人，主力军潮汕失败像兜头一盆冷水浇下来。面对困局，许多人心情沉重，思想混乱，一些指挥员也不知所措。

这时候，剩下的起义军，就像大火扑灭后的点点火星。

毛泽东说，星星之火，可以燎原，那是乐观、自信，也是自我鼓劲、自我激励，但是要知道，更多的时候，星星之火还是被轻易地扑灭、浇熄。

能否保留火种，有时就在一念之间。

关键时刻，朱德站了出来。

7日上午，起义军余部在饶平县的茂芝召开军官会议，此时全军还有2500余人，留下来的最高领导人是第九军军长朱德。虽然所属官兵绝大部分都不是他的老部队，领导起来有困难，但朱德以他坚决的态度稳定了军心。他坚定强调：起义军主力虽然失败了，但武装斗争的道路一定要走下去。会议决定到闽粤赣三省边界地区活动，部队进行整编，以七十三团为基础编为第一营，七十四团编为第二营，九军教育团编为第三营。随后，朱德、陈毅率部向闽粤赣边界地区转移。

对剩下的起义军，中共中央也十分关注，10月12日，中共中央电报要求："第一，不投降敌人；第二，尽力帮助农民暴动。不得已时再向湘南发展，最终失败始上山。"③ 10月15日，中共南方局与广东省委联席会议提出，南昌起义军必须"全部转变为工农革

②《周士第回忆录》，人民出版社1977年版，第149页。
③《中共中央致广东省委函》，南昌八一纪念馆编《南昌起义》，第53页。

命军"。这些文件当时虽然没有立即传到朱德他们手中，但后来随着他们与中共广东党组织发生联系，文件精神应该为他们所了解，也相当程度上决定了起义军余部日后的走向。

起义军余部向闽粤赣边转移的意图很快被察觉，钱大钧部紧紧尾追，令已经损兵折将的剩余部队难以摆脱。在向武平以西山区转移过程中，朱德第一次展现出统领大军的承担，这种承担可以说是朱德一生历程最为准确的注解：

由武平城向西北走十多华里，进到石径岭附近，这里都是悬岩峭壁，地形十分险要，只有一个隘口可以通过，却被反动民团占据了。这时，朱德同志突然出现在队前，他一面镇定地指挥部队疏散隐蔽，一面亲自带领几个警卫人员，从长满灌木的悬崖陡壁攀登而上，出其不意地在敌人侧后发起进攻，敌人惊恐万状，纷纷逃跑，给我们让开了一条前进的道路。当大家怀着胜利的喜悦，通过由朱德同志亲自杀开的这条血路时，只见他威武地站在一块断壁上，手里掂着驳壳枪，正指挥后续部队通过隘口。

这次战斗，我亲眼看到朱德同志攀陡壁、登悬崖的英姿，内心里油然产生了对他无限钦佩和信赖之情。④

进入江西后，虽然摆脱了敌军的重兵追击，但沿途不断遭到地主武装和土匪的袭扰。部队被迫避开大道和城镇，穿行于山林小道，夜间露宿野外。和外界联系完全断绝，两眼抹黑，前途茫茫。山区人烟稀少，粮食缺乏，饥饿削弱体力，病员急剧增多，却没有药品治疗。每天还得长途爬山行军，掉队、离队的日多。

部队到达安远县天心圩时，部队体力和战斗力都大大削弱，散伙的现象日益明显，全军只剩千人左右。

后来从事过军队后勤工作的杨至诚将军在回忆文章中再现了当年物资极度匮乏的苦境：

每天，天一亮就集合出发，全军沿着赣南的山道，向西疾进。这时已是十月下旬，山林里气候已经很冷了，我们身上

广东省饶平县茂芝乡全德学校 1927 年 10 月 7 日，从三河坝、潮州撤退的 2500 名起义军转移到饶平一带，朱德在茂芝召开军官会议，决定向闽粤赣边界转移

④《粟裕战争回忆录》，第 36 页。

却还是穿着八一起义时发下的单衣。而且也早被这几个月的长途远征和连续战斗磨损得破烂不堪了，到处是汗污，到处是破洞。短裤遮不着的小腿，饱受风吹日晒，皴裂得像两条木棍子。鞋子早已穿烂了，要打草鞋，既无材料，又无时间，有的撕下块布把脚包起来走，有的索性打赤脚走。行军中常常赶不到村庄宿营，露营便成了经常的宿营方法。一到宿营，各人弄把树叶子垫在身子底下，大家穿着被汗水浸透的衣服，抱着枪支，背靠背地挤拢在一棵树下，互相暖着身体睡上一夜。夜凉露寒，一夜不知被冻醒几回。早晨，刚被体温烤干的衣服又被露水打湿了，至于吃饭，那更是困难，吃饱肚子的时候是少有的。尤其难耐的是疾病的折磨。这正是南方发病的季节，拉痢、打摆子的一天天在增多，又没有医药治疗，有的就寄养在老乡家中；有的病势沉重，就在野营的树下或是小道旁牺牲了。⑤

中共中央文献研究室2006年底修订出版的《朱德年谱》写道："因一无供给，二无援兵，干部、战士思想混乱，离队的越来越多，包括师长、团长……师、团政治工作干部中只剩第七十三团指导员陈毅一人。"这样的记载虽然不一定那么动人，但却是尊重历史的负责写法。

在天心圩圩场外的河滩上，朱德召集排以上干部开会。朱德"一身灰布军衣，背顶斗笠，穿双草鞋。草鞋早已破了，用条什么带子横七竖八地捆在脚上。他的脸颊比会合时瘦多了，胡子长得老长"。饱经风霜的他并没有被当前的困难击倒，但他深知，在当前的艰苦环境下，强迫维持不如自愿选择，因此他直率地告诉大家：要革命的，跟我走，不革命的，可以回家，不勉强！

陈毅在朱德之后站起来，他用浓重的四川口音鼓动说：一个真正的革命者，不仅经得起胜利的考验，能做胜利时的英雄，也经得起失败的考验，能做失败时的英雄。

朱德、陈毅讲话之后，300余名官兵"一个接着一个走出队伍，把枪架好，掉头走去"。10年之后，朱德对美国女记者史沫特莱说出当时的真实感受："'我怕整个队伍垮下来'，他说：当年那一情景好像犹在眼前。离队的人终于慢慢少了，停了下来。我们剩下不到九百人，衣服破烂，身上又脏，而且饿

天心圩会议，1927年10月下旬，朱德率部转战到江西省安远县天心圩。这时，官兵大量离队，部队面临瓦解的危险，朱德在天心圩主持召开排以上军官大会，发表了重要讲话，稳定了部队

⑤ 杨至诚：《艰苦转战》，《南昌起义资料》，第381页。

得心慌，可是仍然直挺挺地站着，许多人背着三四杆步枪。"⑥

离开的，未必就是孬种，但这些直挺挺站着的，日后就是扛起一个江山的脊梁，他们前面立着的，是朱德、陈毅、王尔琢……

朱德、陈毅同为川人，两人也算是老相识了。1926年7月朱德由欧洲回国后，到上海拜见陈独秀。陈独秀派朱德以广东国民政府的名义去川东万县策动杨森。8月11日，朱德在万县受到了杨森的热情接待。8月25日，李大钊委派的陈毅也来到杨森军中，中国共产党早期两个最具声望的领导人委派的代表就这样在杨森军中相聚。

江西安远县天心圩

如今，大浪淘沙，命运再次将他们推到一起，性格和信念决定着他们：别无选择，唯有挺身承担。

天心圩整顿后，起义军余部继续西进，进入信丰县城。军阀刘士毅的军队远在赣州，信丰没有武装。城中有商店、酒楼、当铺和钱庄，在山中困了这么多日，又不见有敌情，部队一下子放松下来，有人钻进酒楼、饭店大吃大喝，吃完一抹嘴，抬腿便走；有人闯进当铺"当"手榴弹，弄几个钱花花。

陈毅得到消息，马上下令紧急集合，带领部队跑步到离城20多里的一个山坳中。朱德也飞马赶到。

陈毅站在山坡上发出整队口令。

朱德应声跑到排头兵位置，肃然立正；王尔琢跟上，第二……800多人迅速列队。

陈毅宣布此次哄抢当铺事件的严重危害，并当场查明带头肇事的抢劫主犯3名，立即枪决。陈毅主持的这一次严肃整顿，用铁的纪律，使政治工作的威望大增。

陈毅回忆：

我那时在部队里是没有什么地位的。我来部队也不久，八月半赶上起义部队，

⑥ [美] 艾格尼丝·史沫特莱：《伟大的道路——朱德的生平和时代》，三联书店1979年版，第245页。

朱德 　　　　　　陈毅 　　　　　　王尔琢

朱德、陈毅、王尔琢——武装斗争扛起一个江山的脊梁

十月初就垮台了。大家喊我是卖狗皮膏药的。过去在汉口的时候，说政治工作人员是五皮主义：皮带、皮鞋、皮包、皮鞭、皮手套。当兵的对我们这些政治工作人员就这么说："在汉口、南昌是五皮主义，现在他又来吹狗皮膏药，不听他的。"失败后，到了大庾（今大余），那些有实权的带兵干部，要走的都走了。大家看到我还没有走，觉得我这个人还不错。所以我才开始有点发言权了，讲话也有人听了。[7]

10月底开进大余县城时，考虑到和湘赣一带的滇军搞好统一战线关系并利于隐蔽，决定暂时将部队改编为国民革命军第五纵队，朱德化名王楷任纵队司令，陈毅任纵队指导员，王尔琢任纵队参谋长。部队"当时人数约六七百人，子弹不够，有两挺水机关枪，一挺还没有脚，另外还有两挺手提机枪，装备是很差的"。陈毅负责党团组织的整顿。成立党支部，重新登记党、团员，查清部队现有党员56人，把

起义军余部转至江西信丰县，朱德、陈毅领导部队进行了信丰整纪

[7]陈毅：《关于八一南昌起义》，《近代史研究》1981年第2期。

一部分党、团员分配到各个连队，"建立了连的指导员"。事隔几十年，粟裕还印象深刻："那时候我们还不懂得应当把支部建在连上，但是实行了把一部分党团员分配到各个连队中去，从而加强了党在基层的工作，这是对于这支部队建设具有重大意义的一个措施。"⑧

1927年11月4日，聂荣臻曾致函中共中央军事部，提到朱德率领的第二十五师的去向问题："我恐士第走后，军事及党部方面均无重心，恐玉阶不能指挥。来人云，玉阶已曾表示向大众云：'如你们不愿继续奋斗者可以走，我虽有十支八支枪，还是要革命的。'由此可见他掌握部队之难了。"⑨

大余整编旧址——大余县城朱德旧居

艰难困苦，玉汝以成。

11月上旬，部队移驻湘粤赣三省交界的上堡、文英、古亭一带山区。此时，在抚州故意避开起义军的二十七师师长杨如轩又做了朱德的避风港，使他们得到近一个月的休息。离队官兵200余人归队，加上一批参军新兵，部队又有1000多人。部队天天上小课，隔一两天上一次大课。关于当时整顿的情况，朱德在1962年曾经详细谈到：

南昌起义留下来的这支队伍，真正开始新的整训还是在上堡。我们从南昌起义后，经过三个月的行军和作战，直至转到上堡后，才算稳住了脚。我们利用这一时机进行了整训。首先是整顿纪律，那时就规定了募款和缴获的物资要全部归公。其次是进行军事训练，每隔一两天上一次大课，小课则保持天天上。为了适应客观要求，当时已经提出了新战术问题，主要是怎样从打大仗转变为打小仗，也就是打游击战的问题，以及把一线式战斗队形改为"人"字战斗队形等。⑩

朱德说到的准备打游击战，当时苏联方面也有感觉，在共产国际执行委员会政治书记处会议中提到："我们红色游击队和白色游击运动的这个经验可能给我们的

---

⑧粟裕：《激流归大海——回忆朱德同志和陈毅同志》，《人民日报》1978年12月1日。
⑨《聂荣臻给中央军委的信》，南昌八一纪念馆编《南昌起义》，第133页。
⑩朱德：《从南昌起义到上井冈山》，《朱德选集》，人民出版社1983年版，第394页。

崇义县上堡——起义军整训旧址

毛泽覃　朱德派毛泽覃前往井冈山和毛泽东取得联系

杨如轩　国民党第二十七师师长

中国同志带来很大好处。"⑪

11月中旬，部队巧遇秋收起义后经过三湾改编的一支部队，即由张子清、伍中豪带领一团三营。该部因在一次战斗中被切断和毛泽东亲率的一团团部及一营的联系，独立向南发展。朱德和他们联络上后，得知毛泽东领导着部队在井冈山活动，立即派原在第二十五师政治部工作的毛泽东的同胞小弟毛泽覃去与毛泽东联系。

这时，对部队有着十分重要影响的是和范石生取得联系。

第十六军军长范石生与朱德是云南陆军讲武堂的同期同班同学，1887年生，比朱德小1岁。1909年考入云南陆军讲武堂，与朱德同班。朱、范两人在云南陆军讲武堂学习期间情感甚笃，曾结为"金兰之交"。两兄弟志趣相投，一起秘密加入同盟会，一起参加护国讨袁战争。此时他正驻防湘南粤北。在给朱德的信中，他这样写道："兄怀救国救民大志，远渡重洋，寻求兴邦救国之道。而南昌一举，世人瞩目，弟感佩良深。今虽暂处逆境之中，然中原逐鹿，各方崛起，鹿死谁手，仍未可知……兄若再起东山，则来日前途不可量矣！弟今寄人篱下，终非久计，正欲与兄共商良策，以谋自立自强。"

"中原逐鹿，各方崛起，鹿死谁手，仍未可知"。信中这几句话，殊堪玩味，可以说是解读民国期间许许多多历史事件的一把钥匙。

11月21日起，朱德到第十六军四十七师师部驻地汝城与范石生的代表、该师师长曾曰唯谈判，两天商谈，双方达成协议：朱部实施改编，朱德以王楷名义任第十六军总参议、第四十七师副师长兼第一四〇团团长，陈毅任团政治指导员，王尔琢任团参谋长。嗣后，又将张子清、伍中豪的一个营改称为第一四一团，将何举成带领的湖南宜章、汝城农军200余人改称为第十六军特务营。范部给朱部的物资补充，

⑪《共产国际执行委员会政治书记处会议讨论中国问题速记记录》，《联共（布）、共产国际与中国国民革命运动（1927—1931）》7，第111页。

由朱部自己支配；朱部的内部组织和训练工作等，按朱部决定办，范不干涉。

为统一这三支部队及十六军原有共产党组织，秘密建立了中共第十六军军委，陈毅任书记。

范石生的帮助。朱德曾感慨系之："他接济我们10多万发子弹，我们的力量又增强了。他还一个月接济万把块钱、医生、西药、被单……在红军的发展上来讲，范石生是值得我们赞扬的。"⑫ 当然，范石生接纳朱德，也不无希望增加自身力量之意："那时广东、湖南的国民党军队要打范石生，范石生就借我们的力量同他们打了一下，干了一个多月。"⑬

但是，朱德、陈毅并没有放弃原则。中共北江特委派人与陈毅接上党的关系，通过北江特委又与中共广东省委建立了联系。

12月，中共中央写信给朱德，告诉他们：

据我们所知道的在桂东的北边茶陵、酃县以至江西莲花均有毛泽东同志所带领的农军驻扎，不知你们已和他联络否？各部分农军从前也有不发动群众专门代替群众从这县打到那一县执行英雄式的暴动的错误。他们如果驻在这些地方，你们应确实联络，共同计划一发动群众以这些武力造成割据的暴动局面，建立工农兵代表会议——苏维埃政权。这在现时的湖南敌人势力空虚时，是一件刻不容缓的事。便是那部分农军已经远走无法联络，你们在桂东、桂阳一带应该单独的做起来，当地如有我们的党部，自然应该与他们计议发动群众采取适当机会举行暴动。⑭

这时，参加秋收起义后衔命寻找革命力量的何长工也找到了朱德的部队。当他来到司令部时：

最先接见我的是一个留着长发，一脸大胡子的年青人。他带我进到里边屋里，我一眼

湖南省汝城县城 1927年11月，经过在汝城等处谈判，朱德所部与第十六军军长范石生部建立了统一战线关系，使部队得到了休整、补充

⑫ 朱德自传，手抄稿本；转见《朱德传》，中央文献出版社1993年版，第98—99页。
⑬ 朱德：《关于南昌起义、湘南起义和井冈山会师——同解放军政治学院负责同志谈话纪要》，《文献和研究》，1986年第6期。
⑭ 《中共中央给朱德并转军中全体同志的信》，1927年12月21日。

就看见了蔡协民同志，不由得大喊一声，扑上去和他握手："老蔡，想不到在这儿碰到你！"蔡协民同志也吃了一惊嚷道："老何，你怎么来了？"原来我们在洞庭湖一带一起作过秘密和公开工作，处得很熟。经他介绍，我才知道那位年青人就是朱德同志的参谋长王尔琢同志。我开玩笑说："你这把胡子，简直像马克思。"蔡协民同志说："王尔琢同志立了誓，革命不成功，就不剃头不刮胡子呢！"

大家正谈得热闹，从里间屋里走出一个人来，精神饱满，和蔼的笑容，全身严整的军人打扮。蔡协民同志把我介绍给他。他和我紧紧地握了握手，轻声而谦和地道了自己的姓名："朱德"。同时，又巧逢在巴黎就熟悉的陈毅同志，这使我心里格外高兴。⑮

1927年底朱德部队能够获得宝贵喘息机会，除了滇军的老关系杨如轩、范石生的帮助外，国内政局的混沌也帮了大忙。8月，蒋介石下野后，宁汉合流，但汪精卫并未如愿一圆领袖梦，南京政权被桂系控制。10月，不甘心臣服桂系的唐生智与桂系摊牌，一月交战，唐生智一败涂地，被迫下野。

两湖战火刚刚平息，广东又起激烈内讧。李济深在汪精卫失意时，迎汪回粤，欲借汪氏声望，牵制南京。汪回粤后，又怕汪危及自己对广东的控制，处处防备，使汪大感不快。此时，已经回粤的张发奎早有取李济深而代之的企图，汪、张一拍即合，于11月17日发动兵变，驱逐李济深及桂系在粤势力。

12月12日，中共又趁广州兵力空虚，发动广州起义。虽然起义很快被镇压，但广东政局又起波澜。

正是在这样的背景下，朱德获得了韬光养晦的时间。

1928年1月初，随着政局的趋向稳定，蒋介石出而重新控制局面，范石生开始受到南京方面压力。南京来电命令范石生解除起义军的武装，逮捕朱德，并调方鼎英部从湖南进入粤北，监视范部。

范石生没有执行南京的电令，但也无法再留朱德，派亲信给朱德带去告别信和1万块钱。朱德回忆，他在信中主要说了三点：一、"孰能一之？不嗜杀人者能

第十六军军长范石生　　1927年11月4日暨12月27日《中共中央给朱德并转军中全体同志的信》

---

⑮ 何长工：《难忘的岁月》，人民出版社1982年版，第44页。

一之";二、为了避免部队遭受损失,你们还是要走大路,不要走小路;三、最后胜利是你们的,现在我是爱莫能助。

"孰能一之?不嗜杀人者能一之",语出孟子见梁襄王。全文如下:

孟子见梁襄王。出,语人曰:"望之不似人君,就之而不见所畏焉。卒然问曰:'天下恶乎定?'吾对曰:'定于一。''孰能一之?'对曰:'不嗜杀人者能一之。''孰能与之?'对曰:'天下莫不与也。王知夫苗乎?七八月之间旱,则苗槁矣。天油然作云,沛然下雨,则苗浡然兴之矣。其如是,孰能御之?今夫天下之人牧,未有不嗜杀人者也,如有不嗜杀人者,则天下之民皆引领而望之矣。诚如是也,民归之,由水之就下,沛然谁能御之?'"

参加秋收起义后衔命寻找南昌起义部队的何长工

不嗜杀、行仁政,则"沛然谁能御之",安邦定国,易如反掌。范石生不是一个简单的军人,他希望未来的中国领袖能记住这句话。

事后,范石生上报南京以"朱部叛变"了结此案。

1934年范离开军队,寓居庐山。七七事变后,范石生回到云南,在昆明小南门开设医馆,悬壶济世,以行医为业,不过问政事。1939年3月,被仇家暗杀于昆明街头。

不嗜杀者未必就不杀人,而当你不想杀人的时候,有时却会被人杀,历史……命运……真是一言难尽。

接到范石生信后,朱德马上率部转移。

最初准备按照广东省委的意见,去东江同广州起义的余部会合。但部队刚到达仁化,发现国民党第十三军的部队正开往仁化东面的南雄,切断了起义军前往东江的去路。朱德当机立断,决定在收集广州起义的一部分失散人员后,折向湘南,准备湘南起义。

1月12日,部队占领宜章县城,次日宣告成立工农革命军。朱德担任工农革命军第一师师长,陈毅任师党代表,王尔琢担任师参谋长。湘南起义发动。起义后25天,正式成立湘南第一个革命政权——宜章苏维埃政府。

由宜章开始,湘南暴动轰轰烈烈展开。肖克谈到:"从一九二八年元月宜章年关暴动揭开序幕,到一九二八年四月,朱德、陈毅同志率领南昌起义军和湘南农军共一万余人,同毛泽东同志领导的秋收起义部队在井冈山会师,历时三个多月。在

《湘南起义》（油画）

宜章小学1928年元月，朱德、陈毅部与湘南宜章、郴州、耒阳、资兴、永兴等县农军举行湘南暴动的驻地

这三个多月内，以武装暴动建立了宜章、郴县、耒阳、永兴、资兴、安仁等六个县的苏维埃政府；组建了三个农军师和两个独立团；开展了轰轰烈烈的土地革命运动。革命风暴遍及二十几个县，约有一百万人以上参加了起义。可以说，我党所发动的一系列农村武装起义，规模如此之大，参加人数如此之多，坚持时间如此之长，实属罕见。"

17岁的曾志在暴动部队进入郴县后，第一次见到朱德，她在历尽劫灰的晚年回忆中写道：

他那时才四十多岁，尽管他络腮胡剪了，但远远看上去脸还很黑。他围着一条绿围巾，穿着一件很大的黄颜色的齐脚大衣，很威武、很精神。我当时心想这人真威严啊！

到了晚上，夏明震带我去见朱德，我在那里看到的和白天在戏台上看到的判若两人。他见到我非常和蔼可亲，说话和声细语，像慈母一般，我害怕的心情一扫而光。我们不能在那里久呆，夏明震汇报完工作，我们就告辞了。⑯

于郴县加入南昌起义部队的曾志

湘南暴动展示了革命的威力，但缺乏经验的人们，行动中也充斥着狂热和冲动，正如曾志坦诚表白的：

那时在我的身上有着一种红的狂热、革命的狂热。最为可笑的是，有一回，我路过城门楼，突然觉得这个庞然大物太可恨。工农革命军攻城时，国民党部队就是

⑯《一个革命的幸存者——曾志回忆实录》上，广东人民出版社1998年版，第49页。

仗着这城门楼阻挡革命军进城，这样的地方应该毁掉它。

于是，一阵热血冲动，我一个人抱来一堆干草跑上城楼，把二楼给点着了。

当我狼狈地从着火的门楼里跑出来时，一头撞见朱德和一大群围观的群众，朱师长不解地问我怎么回事。我说：

"这个城门楼太可恶！妨碍革命，我把它给烧了。"

奇怪的是，朱师长竟没有说什么，只是很慈祥地笑了笑走了。当时郴州有一批热血青年积极投身革命，他们也同样是走极端。这些男女学生白天走上街头巷尾或深入农村，开展宣传发动工作，晚上回来却是又唱又闹，疯疯癫癫的。夜间男女也不分，几个人挤在一张床上，深更半夜还吵吵闹闹的。⑰

宁冈县砻市　1928年4月，朱德、陈毅率领南昌起义保留下来的部队暨湖南农军与毛泽东领导的秋收起义部队，在井冈山麓的砻市胜利会师

曾志的第一任丈夫，夏明翰的弟弟夏明震就是在执行所谓"坚壁清野"的烧房政策时，被不满的农民杀害。

各地国民党军也正向起义军余部压来。

井冈山砻市龙江书院　1928年4月28日，毛泽东与朱德在龙江书院亲切会晤

1928年3月，朱德、陈毅率领的部队和湖南农军在耒阳击溃了追击之敌后，向井冈山进发

显然，在湘南这样统治力量尚较强大地区想要继续生存、发展相当困难，上山、退往统治力量相对薄弱地区成为保存自己的明智选择。在这样的认识下，一代领袖开始渐渐走到了一起。

⑰《一个革命的幸存者——曾志回忆实录》上，第51—52页。

08

尾声：风展红旗如画

1928年4月中旬开始，朱德领导的部队和毛泽东领导的部队会合，从此开始了朱、毛合作领导武装革命的时期。

后来，国共内战时，国民党为了贬损朱、毛，曾用了一些不雅的比附。其实，要是这样去比附，他们并不能占着什么便宜。朱者，赤也，近朱者赤，这可是中国的老话。何况，朱德的谐音不就是朱得吗？朱德的名字莫不就在暗示红军要得天下。而毛泽东、蒋介石两个名字更是应着水滴石穿的老话。

当然，这只是以子之矛，攻子之盾的说法。

无论如何，南昌起义的种子能够保留下来，朱德居功至伟，一贯谦和的他后来也说到："关于游击战争，我还有点旧的经验。过去从一九一一年辛亥革命开始，在川、滇同北洋军阀等打仗，打了十年，总是以少胜众。在军事上的主要经验，就是采取了游击战争的战法。记得在莫斯科学习军事时，教官测验我，问我回国后怎样打仗，我回答：战法是'打得赢就打，打不赢就走'，'必要时拖队伍上山'。当时还受到批评。其实，这就是游击战争的思想。所以，在这一点上，我起了一点带头作用。"[①]

随着朱德、陈毅的上山，南昌起义至此才真正画上了一个句号。

南昌起义开启了中共武装革命的锁钥，这股革命的洪流汇入井冈山，让武装革命的力量进一步壮大。从井冈山开始，中共革命一步步发展壮大，从1927年秋南昌起义到1928年春井冈山会师，从1929年1月，毛泽东、朱德率领中国工农红军第四军主力离开井冈山革命根据地转战赣南、闽西，先后开辟了赣南、闽西革命根据地，进而成立了中华苏维埃共和国临时中央政府。

此间，南昌起义总指挥贺龙率部返回家乡洪湖，创建了第二次国内革命战争时期割据范围最大的三块红色根据地之一的湘鄂西革命根据地，组建了中国工农红军第二方面军。1928年6月，位于广西西南部边界的左右江革命根据地创立；1930年6月，以大别山为中心的鄂豫皖革命根据地形成；1932年12月，闽浙赣革命根据地组建。……

军号嘹亮，戈矛林立，山上山下，风卷红旗如画。南昌起义打响的第一枪，如星星之火势成燎原。中国革命，走向瑞金，走向延安、走向西柏坡，最终走向全国。

①朱德：《在编写红军一军团史座谈会上的讲话》，《朱德选集》，第126页。

朱德说："当时只是看到武装斗争的必要，而没有认识到武装斗争必须和农民的革命斗争相结合，没有把军队开到农村去搞政权。……这一段历史是中国大革命失败之后，我们党单独领导中国革命和领导武装斗争的开始阶段。开始的时候没有经验，难免要犯一些错误。譬如开始时我们就不知道发动群众，把武装斗争和群众斗争结合起来，去建立革命根据地，到后来群众发动起来了，又乱用了这个力量，不知道积蓄和保存革命力量，准备和敌人作长期斗争。因此，革命力量受到损失，革命事业遭到挫折，这是一方面。另一方面，我们又从失败中得到了教训，这就是我们为什么上了井冈山，和毛主席领导的革命队伍会合。……从此中国人民的革命斗争就开始了一个新的历史时期。"[2]

革命：从南昌武装前行，这是一个历尽艰险、乘风破浪、夺取政权的时期。回溯历史，这一切的起点，又不能不回到南昌，回到那一个深夜、凌晨，枪声打响……

---

[2]朱德：《关于南昌起义、湘南起义和井冈山会师——同解放军政治学院负责同志谈话纪要》，《文献和研究》，1986年第6期。

图书在版编目（CIP）数据

革命：从南昌武装前行 / 黄道炫著． -- 2版．
-- 南昌：江西美术出版社，2017.3
　ISBN 978-7-5480-5322-4

　Ⅰ．①革… Ⅱ．①黄… Ⅲ．①南昌起义-史料 Ⅳ．① K263.106

中国版本图书馆CIP数据核字（2017）第047838号

总 策 划 / 汤　华　　王小玲
照片提供 / 南昌八一起义纪念馆等
责任编辑 / 黄润祥
装帧设计 / 郭　阳　　林思同 + 先锋设计
三维制作 / 谢　巍

《革命：从南昌武装前行》

著　　者 / 黄道炫
出　　版 / 江西美术出版社
地　　址 / 南昌市子安路66号江美大厦
电　　话 / 0791-86565506
邮　　编 / 330025
网　　址：www.jxfinearts.com
电子邮件：jxms@jxfinearts.com
经　　销 / 新华书店
印　　刷 / 三河市兴国印务有限公司
开　　本 / 720mm×1000mm 1/16
印　　张 / 11
版　　次 / 2017年3月第2版
印　　次 / 2020年5月第5次印刷
印　　数 / 3000
ISBN 978-7-5480-5322-4
定　　价 / 46.80元

陈赓大将 　　　　许光达大将

化若中将 　　谭甫仁中将 　　谭家述中将 　　唐天际中将 　　聂鹤亭中将

王云霖少将 　　张树材少将 　　廖运周少将 　　周文在少将

★ **从南昌起义走来的元帅**

朱德元帅 　　　　　林彪元帅 　　　　　刘伯承元帅

贺龙元帅　　　　　　聂荣臻元帅　　　　　　陈毅元帅

★ 从南昌起义走来的将军

粟裕大将

周士第上将　　萧克上将　　杨至成上将　　赵尔陆上将

赵镕中将　　彭明治中将　　袁也烈少将　　李逸民少将

★ **军旗升起来的地方**

八一南昌起义纪念塔

南昌八一起义纪念馆

八一广场

八一大桥

八一大道

《八一风暴》(剧照)